KB133021

Growing up: Inside and Out

아는 만큼 건강해지는 성

청소년 빨간인문학

Originally published as
Growing Up Inside and Out

Growing up: Inside and Out

아는 만큼 건강해지는 성

청소년 지식수다 3

키라 버몬드 지음 | **정용숙** 옮김

내인생의책

사춘기가 시작되면 흔히 청소년들은 혼란스러운 감정을 경험하게 됩니다. 왜 그럴까요? 원인을 꼽자면 여러 가지가 있을 거예요. 급격한 신체변화로 인한 당황스러움일 수도 있고, 사춘기에 분비되기 시작하는 성호르몬 때문일 수도 있지요. 자신의 외모에 예민해지고 연애나 성관계에 대한 오해들도 생겨나지요. 각종 미디어를 통해 접하는 잘못된 정보나 관계에 대한 소통 능력의 부족 탓에 부정적인 성경험에 노출되기도 합니다.

사춘기에 성에 관심을 가지게 되는 것은 지극히 자연스러운 일입니다. 하지만 오래 전부터 우리 사회는 청소년을 무성적인 존재로, 즉 성적인 욕구를 갖거나 행위를 해서는 안 되는 존재로 간주해 왔습니다. 청소년이 자신의 성적 권리와 열정을 말하는 일은 여전히 금기처럼 여겨지고 있지요. 그런데 바로 이러한 편견이 우리 청소년들을 더욱 혼란스럽게 하는 요인으로 작용합니다. 대중매체, 포르노 등의 다양한 문화 자원을 이용하여 스스로를 성적 존재로 구성하고 있는 십대들은 이미 다양한 성적 실천을 하고 있습니다. 이제는 우리 청소년들에게 자신의 몸과 마음에 대한 권리를 되돌려 줄 때입니다.

그렇다면 어떻게 해야 우리 청소년이 자신의 성을 주체적으로 누리는 행복한 성인으로 자라날 수 있을까요? 해답은 성을 바라보는 관점에 있습니다. 청소년들에게 생물학적인 성지식을 전달하거나 성도덕을 강조하기보다는 성 감수성을 향상시키고 자신의 성 태도를 성찰하게 하는 훈련이 필요하지요. 자신의 성을 제대로 알고, 느끼고, 이야기하고, 표현하는 훈련이 중요합니다. 그러한 면에서 이 책은 사춘기에 접어든 청소년들에게 훌륭한 길잡이가 되어 줄 것입니다. 이 책은 청소년의 몸을 타자화하지 않습니다. 자신의 몸에 대한 자존감을 길러 주어 성을 긍정적으로 받아들이게 하지요. 이 책은 청소년이 스스로 주체가 되어 자신의 몸을 자신의 것으로 인식하는 데에 큰 도움을 줍니다.

또한 몸을 둘러싼 사회적 차별 문제를 다각도로 보여 주어, 청소년이 성에 대해 건강한 의식을 지니게 합니다. 거식증, 폭식증, 운동 중독에 이르는 심리적 질병부터 성역할, 성정체성에 따른 불평등 문제에 이르기까지 다양한 분야를 고민해 볼 기회를 주어 새롭고 건강한 성의식을 가지게 하지요. 나아가 이 책은 청소년들이 가장 궁금해 할 외로움과 따돌림, 연애나 성관계 문제에 대해 청소년의 입장에서 함께 고민합니다. 가장 현실적인 해답은 무엇일까 독자와 함께 고민하면서 해결책을 진지하게 모색합니다. 이 책을 읽다 보면 독자는 어느새 고민을 스스로 해결할 내면의 힘을 얻게 되지요.

우리는 성에 대한 정보가 흘러넘치는 세상에 살고 있습니다. 그중에는 정확한 정보도 있지만 왜곡된 정보도 많습니다. 이 책을 통해 더 많은 청소년이 성에 대한 잘못된 정보들을 걸러낼 '주체적인 기준'을 가지게 되기를 바랍니다. 청소년들이 주체적인 기준으로 성을 바라보기 시작하게 된다면, 안전하고 즐겁고 행복한 성을 누릴 수 있는 힘도 높아지게 될 것입니다.

아하! 서울 시립 청소년 성문화 센터 **박현이** 감수

머리말

모든 인간은 자신만의 성장 과정을 거칩니다

성장. 어렵지 않은 말이죠? 키가 크는 걸 성장이라고 합니다. 맞는 말이에요. 하지만 키가 크는 일이 성장의 전부는 아니에요. 성장에는 한 가지 흥미로운 면이 있어요. 인간은 누구나 성장 과정을 거치지만 저마다 조금씩 다르게 성장한다는 거예요. 그게 무슨 말이냐고요?

사춘기가 성장의 시기라는 말은 들어 봤을 거예요. 사춘기는 인간에게 중요한 때지요. 어린아이의 몸이 어른의 몸으로 바뀌는 기간이니까요. 사춘기는 몇 년에 걸쳐 서서히 진행됩니다. 사춘기가 끝나면 남녀 모두 키가 다 자라고 앳된 모습이 사라져요. 동시에 남녀의 외모 차이가 명확히 구별되지요. 주변 언니나 오빠의 변화를 지켜보았다면 여러분도 이미 신체가 어떻게 변할지 잘 알고 있을 거예요.

하지만 신체적 변화만으로는 사춘기를 전부 설명할 수 없어요. 사춘기가 되면 머릿속에 새로운 세계가 열립니다. 어느 순간 갑자기 다른 사람의 행동에 신경을 쓰게 되지요. 그러면서 감정과 행동도 달라집니다. 이런 변화가 놀랍기도 하고 좀 당황스럽기도 해요. 또한 사춘기의 변화는 신 나고 흥미롭게 느껴지다가도 엄청난 스트레스로 다가올 수도 있어요. 몸에 털이 나고, 근육이 생기고, 엉덩이가 커지는 등의 몸의 변화도 중요합니다. 하지만 감정 변화 역시 이에 못지않게 중요하지요. 감정 변화는 몸이 아닌 머릿속에서 벌어지기 때문에 눈에 보이지 않아요. 그래서 신체적 변화에 비해 소홀히 다루어진 면이 있어요.

사춘기 청소년들은 남자든 여자든 비슷한 감정 변화를 겪습니다. 기분이 좋았다가 갑자기 나빠지고, 정체 모를 감정에 휩싸이기도 하지요. 이러한 감정 변화에 잘 대처하려면 사춘기에 일어나는 변화에 대한 정확한 정보와 전문가의 조언이 필요합니다. 그래서 이 책이 나오게 된 것이고요.

저자로서 저는 여러분에게 도움이 되는 정보를 제공하기 위해 다양한 전문가와 대화를 나누었어요. 의사, 심리학자, 교수, 연구원, 치료사, 교사, 역사학자, 심지어 수학자도 만났습니다.

하지만 무엇보다 여러분과 같이 성장의 시기를 보내고 있는 청소년들의 이야기가 큰 도움이 되었습니다. 제가 인터뷰한 친구들 중에는 대화를 부담스러워하는 친구도 있었고, 쉼 없이 이야기를 쏟아 내는 친구도 있었지요. 저마다 성격이 달랐지만 모두 뇌하수체니 뭐니 하는 이론보다는 사춘기를 무사히, 건강하고 즐겁게 보낼 수 있는 방법에 관심이 많았어요. 아마 이 책을 읽는 여러분도 마찬가지일 거라고 생각합니다.

성장은 여행과도 같아요. 그리고 모든 여행이 그렇듯 사춘기 역시 출발점이 있기 마련이지요. 자, 이제 그 여행을 시작해 볼까요?

이 책을 읽기 전에

청소년 빨간인문학

성장은 하루아침에 이루어지는 것이 아니라 서서히 진행됩니다. 이 책에는 여러분이 지금 겪고 있는 이야기가 나올 수도 있고, 먼 훗날의 일처럼 느껴지는 내용도 있을 수 있어요. 사람마다 성장 속도가 다르니까요.
이 책은 성장에 관한 안내서입니다. 가까이에 두고 필요할 때마다 펼쳐 보면 도움이 될 거예요. 지금 당장 나랑 상관없다고 느껴지는 부분도 머지않은 때에 필요해질 거예요. 서두르지 말고 느긋하게 사춘기를 맞이하도록 하세요. 이 책이 여러분을 도와줄 테니까요.

CONTENTS

차례

사춘기의 신체 변화를 단순히 호르몬에 의한 몸의 변
화로만 치부하는 사람도 있어요.

PART 1

내 몸이 변하고 있어요

마음의 준비를 단단히 하세요! 여러분의 몸은 엄청난 변화를 앞두고 있어요

네안데르탈인이라고 들어봤나요? 네안데르탈인은 인류의 직접적인 조상은 아니지만 먼 친척 같은 존재예요. 네안데르탈인은 자기 자신을 아주 특별한 존재로 여겼다고 합니다. 그럴 만도 했지요. 튼튼한 골격과 커다란 뇌, 건장한 체구를 지니고 있었으니까요. 네안데르탈인은 추위에 잘 적응했고, 도구를 사용하고 언어로 의사소통을 했어요. 모든 면에서 상당히 발달된, 아주 강인한 종족이었지요. 그런데 네안데르탈인에게는 한 가지 특이한 점이 있었어요. 바로 사춘기를 아주 빨리 치러 냈다는 거예요.

유럽의 과학자들에 따르면 네안데르탈인은 열다섯 살이면 이미 다 큰 어른이 되었다고 해요. 열량이 매우 높은 음식을 마구 먹어 대며 초고속으로 성장을 끝마쳤던 것이지요.

여러분만 온종일 먹어 댄 게 아니었나 보네요. 이제 마음 놓고 드세요. 사춘기에는 모든 것이 낯설고 새로워요. 사춘기가 그리 만만한 상대도 아니고요. 그래서 사춘기가 가능하면 빨리 지나가기를 바랄 수도 있어요. 혼란스럽기 짝이 없는 시기니까요. 특히 변해 버린 몸을 보면 더 혼란스러워지지요.

사춘기가 뭐예요?
사춘기란 아이의 몸과 마음이 성인의 몸과 마음으로 변화하는 지극히 자연스러운 성장 과정의 한 단계입니다. 몸이 생식 능력을 갖추기 위해 준비하는 때라고 볼 수 있지요.

'남들 눈에는 내 모습이 어떻게 비칠까?' '이렇게 변하다가 내 참 모습을 잃어버리지 않을까?' 하는 이런저런 의문과 불안이 엄습하게 마련입니다.

혹시 여러분이나 여러분의 친구가 이미 사춘기에 들어섰는지도 모르겠네요. 교실 안을 한번 둘러보세요. 최근 들어 부쩍 키가 자란 친구가 있나요? 얼굴에 빨간 여드름이 피어난 친구도 있을 거예요. 여자 친구들 중에는 가슴이 볼록해진 사람도 있겠지요. 어깨가 이전보다 넓어진 남자 친구도 볼 수 있고요. 이렇게 사춘기에 일어나는 몸의 변화는 쉽게 눈에 띄지요. 물론 아직 별다른 변화가 없는 친구도 있을 겁니다.

사춘기의 신체 변화를 단순히 호르몬에 의한 몸의 변화로만 여기는 사람도 있어요. 하지만 사춘기의 신체 변화는 마음속까지 영향을 미치는 중대한 사건입니다. 키가 자라고 힘이 세지며 목소리가 굵어지는 등의 신체 변화를 신 나고 즐거운 일로 받아들이는 사람에게 사춘기는 분명히 행복한 경험이 될 거예요. 하지만 학교에서 맨 처음(혹은 맨 마지막으로) 사춘기에 접어들었다면 어색하고 불편한 마음이 들 수도 있어요. 이로 인해 커다란 감정의 소용돌이에 휩쓸릴 가능성도 있고요. 아직은 자기 자신이 어린 것 같은데, 사춘기의 신체 변화로 인해 어른스럽게 처신해야 한다는 중압감에 시달리기도 하지요.

그래도 걱정할 필요는 없어요. 사춘기의 변

호르몬이 뭐예요?

호르몬은 몸속의 장기와 분비샘에서 보내는 신호를 각 세포로 전달하는 화학 물질입니다. 사춘기와 호르몬이 무슨 상관이냐고요? 사춘기가 되면 호르몬의 역할이 상당히 커집니다. 호르몬은 성장과 신진대사, 체중, 체형, 외모 등 신체적인 부분뿐만 아니라 정서적인 부분에까지 작용한답니다.

화는 하룻밤 사이에 끝나지 않으니까요. 변화는 여러 해에 걸쳐 조금씩 일어납니다. 다시 말해 변화에 적응할 시간적 여유가 충분하다는 거예요. 그러니까 자신의 모습을 잃게 될까 봐 두려워할 필요가 없어요. 또한 사춘기라는 여행의 끝이 어디인지 알게 되면 사춘기를 멋지게 잘 보낼 수 있을 거예요. 변덕스러운 감정도 스스로 조절할 수 있을 거고요.

자 그럼 이제부터는 여러분에게 일어나는 변화를 마음껏 즐기세요. 도대체 어떻게 해서 이런 변화가 일어나는지 알아보면서 말이에요.

>> PART 1을 읽어 나가는 요령

남자에게만 일어나는 신체적 변화도 있고, 여자에게만 나타나는 변화도 있습니다. 또한 남녀 모두에게 공통적으로 생기는 변화도 있지요. 다음이 지시하는 쪽으로 가면, 각각의 변화를 알아볼 수 있어요.

- 남자 청소년에게만 일어나는 변화 → 17쪽으로 가세요.
- 여자 청소년에게만 일어나는 변화 → 24쪽으로 가세요.
- 남녀 모두에게 해당하는 변화 → 32쪽으로 가세요.

남자 청소년에게만 일어나는 변화

어느 날 아침에 눈을 떴어요. 잠에서 깨어나 방문을 열고 거실로 나왔지요. 그런데 왠지 집이 달라진 느낌이 드는 거예요. 내 방 옆에 있던 욕실이 사라지고 거실 쪽에 새 욕실이 들어섰네요. 부엌 싱크대도 원래 있던 자리가 아니고요. 다시 한 번 확인해 보아도 분명히 우리 집인데 말이에요.

상당수의 남자 청소년이 변화하는 자기 몸에 대해 이와 비슷한 감정을 느낍니다. 자신의 가슴과 얼굴, 심지어 성기의 생김새에 이미 익숙해져 있는데, 어느 순간 몸이 달라지기 시작하지요. 그중에는 마음에 드는 변화도 있지만 당황스럽게 느껴지는 변화도 있습니다. 하지만 시간이 지나면서 차츰 변화에 익숙해지지요. 지금부터 사춘기 남자 청소년에게 일어나는 변화의 몇 가지 예를 들어 볼게요.

목소리가 이상해!

남자는 사춘기가 되면 목소리가 갈라지고 목에서 쇳소리가 나는 경험을 하게 됩니다. 하지만 성대가 상했거나 목 건강에 문제가 생긴 것은 아니에요. 단지 목소리가 굵어지는 과정에 들어섰을 뿐이지요.

사춘기 때 목소리의 변화는 이렇게 일어납니다.

❶ 후두부가 커지고 성대가 길어집니다.

❷ 얼굴 크기가 커지면서 부비강과 코 안쪽, 목 뒷부분에 빈 공간이 늘어납니다. 그러면 목에서 나온 소리가 더 크게 울리게 되지요. 작은북 같던 얼굴이 베이스 드럼 같은 큰북으로 변신하는 셈입니다.

>> 그 결과 어떻게 될까요?

목소리가 굵어집니다. 이러한 과정을 변성기라고 하는데, 변성기는 고작 몇 달이면 끝이 나지요. 변성기가 끝난 뒤에는 목소리가 갈라지는 현상이 사라집니다. 후두부가 완전히 자라나면 목소리는 안정을 찾지요. 변성기를 거치고 나면 불과 얼마 전까지만 해도 어린아이 같았던 목소리가 옆집 아저씨 같은 어른스러운 목소리로 변하게 된답니다.

제 멋대로인 음경

음경에 대해 '내 마음과 달리 제멋대로 군다'는 식의 농담을 하는 사람들이 많습니다. 사실 틀린 말도 아니지요. 음경은 팔다리나 발가락 같은 신체 부위와는 다릅니다. 음경은 팔다리나 발가락처럼 내 마음대로 움직일 수 없어요. 음경이 자율 신경계의 영향을 받기 때문이에요. 자율 신경계란 심장이나 호흡기 기관 등이 우리의 의지와는 상관없이 자동으로 움직이게 만드는 몸속 체계입니다.

>> 자율 신경계 때문에 어떤 일이 벌어질까요?

"도대체 이 녀석은 통제 불능이라니까!"라고 말하고 싶은 순간이 수시로 찾아올 거예요. 특히 발기가 될 때 당혹스럽지요.

발기는 음경에 혈액이 가득 차서 단단해지는 현상입니다. 혈액이 차오르면 음경의 크기가 커지고 꼿꼿하게 서요. 보통은 로맨틱하거나 성적인 생각을 통해, 혹은 성기를 건드리는 행동을 통해 발기 상태가 됩니다. 하지만 가끔은 이유 같지 않은 이유로 발기 상태가 되기도 합니다. 이를테면 다음과 같은 경우입니다.

- 무거운 것을 들어 올릴 때
- 주말이 되어 신이 난 상태일 때
- 아침에 잠자리에서 일어날 때

갓난아기도 발기되는 경우가 있지만, 테스토스테론이 많이 분비되기 시작하는 사춘기에 발기의 빈도가 훨씬 더 빈번합니다. 발기는 지극히 정상적인 신체 현상이랍니다.

몽정

발기는 아무 때나 일어날 수 있어요. 잠자는 시간도 예외가 아니지요. 자는 동안 한 시간에서 한 시간 반마다 음경이 발기됩니다. 자느라 모를 뿐이지요.

꿈을 꾸거나 얕은 잠을 잘 때 뇌가 자극을 받으면 음경에 혈액이 쏠립니다. 그러니까 음경은 꿈의 내용이 아닌 뇌의 자극에 의해 발기가 되는 거예요. 그래서 무슨 꿈을 꾸든 발기와 직접적인 연관성이 없지요. 꿈의 내용과도 전혀 상관이 없으니 자책할 필요는 없습니다.

- 스파이더 맨의 옷을 입고 등교하는 꿈
- 당근 케이크를 먹는 꿈
- 최근에 마음을 설레게 한 여자애가 등장하는 꿈
- 위의 세 가지가 전부 나오는 꿈

하지만 꿈의 내용이 성적으로 자극적이라면, 발기 상태를 넘어 사정을 할 수도 있어요. 사정이란 음경을 통해 정액(뿌연 빛깔의 끈적끈적한 액체인데 정자가 들어 있답니다)이 몸 밖으로 나오는 거예요. 사정할 때 나오는 정액의 양은 그리 많지 않아요. 티스푼으로 한두 숟가락 정도의 양입니다.

잠을 자는 도중에 사정을 하면 속옷이나 이부자리에 축축한 얼룩을 남기게 될 수도 있습니다. 하지만 당황하지 마세요. 수면 중의 사정(몽정)은 음경을 가진 남성, 테스토스테론이 왕성하게 분비되는 남성이라면 흔히 경험하는 일이니까요. 당황하지 말고 몸을 씻고 속옷을 갈아입으세요. 그다음 옷장에서 새 이불을 꺼내서 깔면 됩니다. 만약 부모님 모르게 넘어가고 싶다면 훌륭한 해결책이 있어요. 속옷이나 이불을 세탁기에 넣고 빠는 거예요. 세탁기 정도는 직접 돌릴 수 있겠지요?

가슴 근육, 어깨 근육, 울퉁불퉁 근육들

오늘은 화요일! 학교 갈 준비에 여념이 없어요. 옷장 안을 뒤적이다 제일 좋아하는 셔츠를 꺼내 입었어요. 그런데 이게 어떻게 된 일이죠? 단추를 채우기가 힘들 정도로 옷이 꽉 조여요. '그럼 이제 뭘 입지?'

새 옷이 키가 자랐을 때만 필요할까요? 아니에요. 가슴둘레가 넓어지고 팔뚝이 굵어져도 몸에 맞는 새 옷을 사야 해요. 사춘기가 되면 상체가 역삼각형 모양으로 변하면서 어깨가 넓어지고 엉덩이는 상대적으로 작아 보여요. 또한 근육이 생기면서 겉 모습에서 점차 어린아이의 모습이 사라지게 되지요.

몸이 달라질 조짐이 보이지 않아 고민하는 남자 청소년들도 있습니다. '이러다

남자 청소년은 꼭 기억하세요!

'나에게 지금 사춘기가 시작되었나?' 하는 의문이 드나요? 그렇다면 아랫도리를 잘 살펴보세요. 고환의 크기가 커졌나요? 고환이 커졌다면 몸의 변화가 시작되었다는 분명한 신호입니다.

가 다른 친구들처럼 남성미를 뽐내기는 아예 틀려 버린 게 아닐까?' 하며 속을 태우지요. 특히 같은 반 학생들 중 몸이 변하지 않은 마지막 한 사람이 되어버린다면 무척 당황스러울 거예요. 여자애들마저 남동생 취급하며 몸집이 큰 친구에게만 관심을 보인다면 정말 죽을 맛이겠죠.

근육량을 늘려 볼까요?

사춘기에 접어들기 전에는 근육량을 늘리는 운동이 별 의미가 없습니다. 근육을 키우는 효과보다는 근육을 조금 탄탄하게 만들 뿐이지요. 팔다리나 상반신의 근육을 키우려면 일단 테스토스테론 같은 호르몬이 충분히 분비되어야 합니다. 사춘기에 키와 몸집이 급속도로 자라는 것은 다양한 성장 호르몬이 끊임없이 분비되기 때문이거든요.

아직 사춘기의 신체 변화가 일어나지 않았다고 해서 걱정할 필요는 없습니다. 언젠가는 성장에 필요한 호르몬이 반드시 분비될 테니까요. 그때까지 마음을 편하게 먹고, 활동적으로 생활하세요. 수영도 하고 자전거도 타세요. 축구도 좋겠지요? 몸을 다치지 않게 잘 관리할 수 있다면 약간의 근력 운동을 해도 좋아요. 멋진 근육남으로 변신할 그 날을 기대하면서 말이에요.

포경 수술이 뭐예요?

남자는 '포피'라 불리는 피부막을 가지고 태어납니다. 포피는 음경의 앞부분, 즉 귀두를 감싸고 있어요. 외과 수술을 통해 이 포피를 제거하기도 해요. 전문 의료진이 포피를 조심스럽게 잘라 내는 거예요. 이 수술을 '포경 수술' 혹은 '할례'라고 불러요. 할례는 지역에 따라 평범한 일이 될 수도, 그렇지 않을 수도 있어요.
그렇다면 왜 포경 수술을 하는 걸까요? 할례가 하나의 문화로 정착되어, 종교, 문화, 사회적으로 당연하게 받아들여지기 때문이에요. 또는 위생상의 이유로 수술을 하는 경우도 있어요. 포경 수술을 받으면 성병 감염 확률이 낮아진다고 해요. 포경 수술이 질병으로 인한 일부 감염 증상을 아예 차단해 준다고 주장하는 단체도 있어요. 그러면 포경 수술을 꼭 받아야 할까요? 그렇지 않아요. 깨끗하게 관리만 잘하면 위생상 전혀 문제될 게 없어요. 관리하는 방법도 아주 쉽습니다. 샤워할 때 포피를 뒤로 끌어당겨 비누로 세척하면 되지요. 또한 포경 수술 여부는 중요한 문제가 아니에요. 남과 비교하지 말고 자기 모습을 긍정적으로 바라보도록 노력해 보세요.

여자 청소년에게만 일어나는 변화

이제 그만 인정하세요. 여러분의 몸이 얼마나 근사한데요. 두 다리는 친구 집까지 안전하게 데려다 주고, 예쁜 손가락은 맛있는 참치 샌드위치를 먹기 쉽게 잡아 줘요. 귀는 또 어떻고요? 온종일 우울했던 기분을 순식간에 바꿔 줄 멋진 음악을 듣게 해 주잖아요.

그런데 어느 날, 거울에 비친 자신의 모습을 보고 순간 어리둥절해집니다. 어떤 성숙한 여인네가 나를 쳐다보고 있거든요. 커다란 엉덩이에 볼록한 가슴, 거기에 다리 사이와 겨드랑이엔 꼬불꼬불한 털까지!

'어머, 안 돼! 너무 빠른 거 아닐까?'라는 생각이 드는 것도 무리는 아니에요. 갑작스러운 변화가 당혹스럽겠지요. 하지만 잊지 마세요. 지구 상에 살고 있는 대부분의 소녀가 사춘기를 경험한다는 사실을 말이에요. 사춘기에 겪게 되는 몸의 변화는 지극히 평범한 일이에요. 당황하고, 흥분하고, 난리법석을 떨 이유가 전혀 없어요.

그러면 이제부터 사춘기 여자 청소년의 몸에서 일어나는 변화에 대해 한번 살펴봅시다.

가슴이 커졌어요!

유방, 젖가슴 등 가슴을 부르는 명칭은 참 다양해요. 명칭이야 어떻든 가슴은 갓난아기에게 모유를 수유하는 고유한 기능을 가지고 있지요. 그래서 매우 중요한 신체 기관이랍니다. 사춘기가 되면 여자의 가슴에는 유선이 발달하기 시작합니다. 유선은 모유를 만들어 내는 데 꼭 필요한 기관이지요. 이 책의 PART2에서는 사춘기 여자 청소년이 흔히 겪는 가슴에 대한 복잡한 감정들을 다룰 거예요. 하지만 먼저 가슴에 일어나는 신체 변화에 초점을 맞추어 살펴보겠습니다.

» 가슴의 성장 단계

1단계 젖꼭지 안쪽에 작은 멍울이 맺혀요. 그리고 그 주변에서 통증이 시작되지요. 날카로운 물건으로 살짝 찌르는 것 같은 통증을 호소하는 친구도 있고, 그보다 훨씬 심한 통증을 경험하는 친구도 있어요.

2단계 젖꼭지와 그 주변(유륜)이 넓어지면서 색이 진해져요.

3단계 가슴이 전체적으로 커지고 볼록해져요. 이쯤 되면 잘 맞는 브래지어를 한 벌 장만할 때가 되었다고 봐도 무방합니다.

4단계 마지막 단계에 이르면 가슴이 둥그스름해지면서 풍만해져요. 그렇게 되면 가슴의 성장이 끝났다고 할 수 있습니다.

사실 가슴은 끊임없이 커졌다 작아지기를 반복하면서 모양이 변합니다. 호르몬이나 체중, 임신 여부에 따라 변화무쌍하게 바뀌지요.

>> "조금만 기다려 봐."

가슴 크기 때문에 걱정이 이만저만이 아닌데 어른들은 그저 조금만 기다려 보라고만 말했을 거예요. 그런데 어른들의 말에도 일리가 있어요. 많은 여자 청소년이 자신의 가슴 크기에 대해 걱정합니다. 하지만 사춘기란 여러 해에 걸쳐 진행되는 과정이에요. 가슴은 사춘기 동안 서서히 우리 몸에 딱 맞는 방식으로 성장하지요. 그런데도 벌써부터 스트레스를 받을 이유가 있을까요? 10대 후반까지, 사람에 따라서는 그 뒤로도 계속 가슴이 성장할 텐데요. 더군다나 가슴이 작아도 멋지기만 한걸요. 물론 가슴이 크면 큰대로 멋져요. 모든 가슴은 다 아름답습니다. 제 말을 믿으세요. 자신감이 있다면 누구나 멋져 보이는 법이에요. 자신감 있는 사람은 늘 행복할 수 있어요.

월경에 대한 진실

여자 청소년의 경우에는 가슴에 생기는 멍울이 사춘기의 시작을 알리는 첫 번째 신호입니다. 그래요. 가슴의 멍울까지는 그런 대로 참을 만하지요. 그런데 잠깐! "이게 뭐지? 피? 그것도 속옷에 묻었잖아!" 진정하세요. 죽을병에 걸리지는 않았으니까요. 다치거나 몸에 이상이 생긴 것도 아니에요. 월경이 시작된 거랍니다. 지극히 정상이에요.

월경이 시작되는 순간만을 고대하고 있는 사람도 있을 거예요. 그런데 제아무리 월경을 기다려 온 사람이라도 막상 선명한 핏자국을 보면 충격을 받을 수밖에 없을 거예요. 지금까지 친구들이 '생리대'나 '생리통'에 대해 수군거릴 때마다 소외감을 느껴 왔다면 이제는 안심이다 싶은 마음이 더 클 수도 있겠지만요. 하지만 주변에 월경이 시작된 친구가 없는 것 같아 고민하는 사람도 있을 거예요. 그래도 걱정하지 마세요. 혹시 아나요? 월경이 시작된 사실을 털어놓지 않거나, 털어놓지 못한 친구가 있을지도 몰라요. 아무튼 첫 월경은 엄청난 사건이에요.

» 월경은 왜 하는 걸까요?

자궁은 한 달 주기로 호르몬의 영향을 받아 태아가 자랄 수 있는 일종의 둥지를 만들어요. 둥지는 혈액과 여러 가지 영양 물질로 이루어져 있지요. 그런데 자궁 속에 태아가 없다면 굳이 이 둥지를 유지할 이유가 없겠지요? 그때 몸이 이렇게 말하는 거예요. "아, 뭔가 착오가 생겼나 보군. 다들 그만 자궁에서 나가 주시오!" 그다음에 무슨 일이 벌어질지 상상할 수 있겠지요?

유동체 형태인 둥지는 허물어지면서 자궁경부를 비집고 나와 질을 통해 몸 밖으로 배출됩니다. 이게 바로 월경이에요. 월경은 단 한 번으로 끝나지 않습니다. 적어도 며칠 동안은 계속되지요. 양이 많은 날도 있고 적은 날도 있어요. 이 과정이 끝나고 나면 다시 다음 월경 주기가 시작되지요.

>> 월경에 대해 아직도 궁금한 것이 많아요

이제 월경을 하는 이유를 알겠지요? 하지만 여전히 여러 가지 의문이 남을 거예요. 다음과 같은 점들이 말이에요.

월경이 언제 시작될지 미리 알 수 있나요?

미리 알 수도 있습니다. 월경이 시작되기 며칠 전부터 월경 시작의 징후가 나타나는 경우가 있거든요. 계속해서 허기가 느껴지기도 하고 몸 상태가 약간 좋지 않을 때도 있지요. 왠지 모르게 기분이 이상하기도 하고요. 하지만 아무 낌새 없이 불쑥 월경을 겪는 여자 청소년도 많습니다.

월경은 보통 며칠이나 지속되나요?

보통 2일에서 8일 동안 지속됩니다. 운 좋게 '월경 복권'에 당첨된 여성이라면 사흘이면 월경이 끝날 수도 있지요. 물론 일주일 넘게 고생하는 사람도 있어요.

월경을 시작하면 피가 양동이 한가득 나오나요?

절대 아닙니다. 그렇게 보이는 것뿐이에요. 월경의 내용물이 전부 피는 아니거든요. 월경에는 피 이외의 여러 성분이 많이 포함되어 있어요. 자궁경부 점액, 질 분비물, 자궁내막 조직 같은 것이 포함되어 있지요. 실제로 월경 기간에 흘리는 피의 양은 한 순갈 정도에 불과해요.

월경을 한다는 걸 친구들이 눈치채지 않을까요?

그렇지 않을 거예요. "얘들아, 나 월경 중이야!"라고 엉덩이에 광고 문구를 붙이고 다닌다면 모를까. 모두에게 비밀로 하고 싶다면 아무 말 안 하면 됩니다. 물론 친구에게 털어놓고 싶으면 기꺼이 그렇게 하세요.

아는 것이 힘!

초경이 뭐예요?

세상에 태어나 처음으로 하는 생리를 '초경'이라고 불러요.

월경하는 걸 애써 기뻐해야 하나요?

무슨 그런 소릴! 며칠간 월경혈을 보는 일이 기분 좋을 수만은 없지요. 역겹다는 느낌이 들어도 무리는 아닙니다. 자신의 감정에 솔직하면 되지 않을까요?

여자 청소년은 꼭 기억하세요!

혹시 학교에 있을 때 월경이 시작되었나요? 아무 준비도 못한 상태인가요? 걱정 마세요. 이렇게 하면 됩니다. 일단 화장실로 곧장 가세요. 그리고 최대한 깨끗하게 월경혈을 닦아 낸 뒤에 화장지를 몇 겹 말아서 속옷 안쪽에 덧대세요. 잠깐 정도는 그 상태로 버틸 수 있거든요. 그러고 나서 양호실이나 도와줄 만한 선생님에게 잽싸게 달려가 생리대나 탐폰을 구하면 되겠지요? 요즘은 생리대 자판기가 설치된 학교도 있다고 해요. 만약을 대비해 약간의 현금을 항상 준비해 두면 좋겠네요.
참! 한 가지만 더 기억해 두세요. 세상의 거의 모든 여성이 월경을 해요. 그렇기 때문에 생리대(혹은 탐폰)를 빌려 달라고 부탁하는 것은 "치약 좀 빌려 주실래요?"라고 묻는 일과 다를 바 없습니다. 부끄러워할 이유가 전혀 없답니다.

엉덩이, 이놈의 엉덩이!

앞으로 익숙해져야 할 것이 하나 더 있어요. 바로 변해 버린 엉덩이와 허리선이에요. 어릴 때는 여자아이와 남자아이의 몸이 겉보기에 큰 차이가 없어요. 그러나 사춘기에 접어들어 호르몬 분비가 왕성해지면 남녀의 체형은 크게 달라지기 시작하지요. 남자아이는 테스토스테론을 비롯한 몇 가지 성장 호르몬의 작용으로 뼈 주위에 근육이 붙습니다. 그렇다면 여자아이는 어떻게 될까요? 여성 호르몬의 대표 주자는 에스트로겐입니다. 에스트로겐은 상당 부분이 난소(태아가 자라는 공간인 자궁 옆에 있는 기관으로 하복부를 만져 보면 느낄 수 있어요)에서 만들어져요. 에스트로겐이 왕성히 분비되면서 여자 청소년의 몸매에 굴곡이 생기게 되지요. 테스토스테론이 남자아이의 몸을 근육질로 만든다면 에스트로겐은 지방을 사용하여 여자아이의 몸을 성숙한 여인의 몸으로 변화시킨답니다.

» 뭐라고요? 지방이라고요?

그렇게 흥분할 거 없어요. 걱정할 필요도 없고요. 사춘기에는 지방이 몸에 유익한 역할을 합니다. 허리의 곡선미라든가 둥그스름한 뒤태, 무엇보다 가슴 크기를 키우는 데 지방이 없으면 안 됩니다. 몸 구석구석에 지방이 골고루 퍼지지 않는다면 평생 어린아이의 몸을 가지고 살아야 할 거예요. 그걸 원하지는 않겠지요?

엉덩이는 또 어떻고요? 여성 호르몬은 엉덩이뼈가 커지는 데도 한몫을 하지요. 최근 들어 엉덩이가 부쩍 커졌다고 느낀 사람이 있을 거예요. 물론 아직 아무런 변화가 없을 수도 있지만요.

난 나중에 모델이 될 거예요

우리는 지금 성장이라는 퍼즐을 맞추는 중입니다. 그럼 이제부터 '키'라는 퍼즐 조각을 살펴볼까요? 눈을 감고 키 재는 기계 앞에 서 있다고 상상해 보세요. 키 재는 기계 앞에서 이상한 점을 발견했어요. 6개월 전까지만 해도 또래 친구들과 키가 비슷했는데 오늘 재어 보니 또래보다 30센티미터나 더 커졌지 뭐예요?

소식을 들은 부모님은 신이 났어요. 모델 에이전시나 농구팀에 전화라도 걸 기세입니다. 하지만 일단 부모님을 좀 말리세요. 앞으로도 키가 계속 자랄지는 아직 알 수 없거든요. 일반적으로 초경이 시작된 후에는 성장이 점차 둔화됩니다. 사춘기가 일찍 시작된 만큼 뼛속의 성장판도 일찍 닫히기 때문이지요. 처음에는 남보다 빨리 자랐는데, 막상 성장이 끝났을 때는 오히려 친구들보다 키가 작을 수도 있어요.

하지만 이것은 어디까지나 통계에 불과합니다. 어디에나 예외는 있지요. 12살에 월경을 시작했는데도 키가 계속 자라서 180센티미터까지 크는 사람이 없으리라는 보장은 없어요. 월경 이외에도 영양 상태나 생활 습관이 키 성장에 영향을 주기도 하니까요.

남녀 모두에 해당하는 변화

털에 관하여

주위에 있는 어른을 한번 잘 살펴보세요. 어른들 몸에 난 털이 보이나요? 성기 주변에 난 털 말이에요. 일명 '음모'라고 하죠. 윗입술 위에도 뭐가 보이네요. 그래요. 수염이에요. 남자 청소년이라면 어서 빨리 수염이 나길 기다리고 있는 사람도 있을 테지요.

사춘기가 되면 몸의 여기저기에서 털이 자랍니다. 그런데 전혀 예상하지 못한 부위에 털이 나기도 해요. 예를 들어 볼까요? 가슴, 배꼽 밑, 등, 엉덩이, 발가락과 발등. 생각보다 많지요? 청소년 중에는 남보다 털이 많이 나서 고민하는 사람도 있습니다. 털이 많이 나는 것은 유전적 요인이 작용했기 때문이에요. 부모님을 닮았기 때문에 털이 많이 난 셈이지요.

사춘기가 되면 머리털 역시 변합니다. 두피에 피지선이 발달하면서 피지 분비가 왕성해지고, 그로 인해 머리카락에 기름기가 많이 돌게 되지요. 그러니까 머리를 자주 감아야겠지요? 머리를 일주일에 한 번만 감아도 아무 문제없던 지난 시절은 이제 잊으세요.

남자와 여자는 왜 면도를 하나요?

좋은 질문이에요. 성별에 따라 면도를 하는 이유는 각각 다릅니다. 지금부터 남자와 여자가 왜 면도를 하게 되었는지 알아볼까요?

>> 여성스럽지 못하다고요?

클레오파트라 여왕 시대 이전부터 여성들은 머리카락을 소중히 관리해 왔어요. 하지만 겨드랑이나 다리에 난 털을 면도하기 시작한 지는 불과 백 년도 채 되지 않았어요. 여성이 겨드랑이 털과 다리털을 면도하기 시작한 것은 '광고' 때문이었습니다. 1915년, 미국에서는 민소매 원피스가 유행했어요. 거리와 댄스장마다 민소매 원피스를 입은 여성이 넘쳐 났지요. 여성의 민소매 패션은 커다란 뉴스거리가 되었습니다. 비로소 여성들도 여름철에 시원하면서도 멋스러운 의상을 입을 수 있게 되었으니까요. 그전까지 여성들은 한여름에도 긴 소매와 두꺼운 치맛자락을 치렁치렁 휘감고 살았거든요. 민소매 원피스를 처음으로 입어 본 여자들은 아마 천국을 맛보는 기분이었을 거예요.

민소매 원피스를 입게 된 것까지는 좋았습니다. 그런데 잡지사 편집장들의 눈에 여성의 겨드랑이 털이 거슬리기 시작한 거예요. 그러던 어느 날 팔을 한껏 들어 올린 젊은 여성이 모델로 등장한 광고가 유명 여성 잡지에 실렸습니다. 모델은 겨드랑이 털이 깨끗이 제거된 상태였어요. 광고 문구는 이랬지요. "여름 원피스와 최신 댄스의 만남이 불쾌한 털은 제거해 버리라고 속삭이네요!"

다른 잡지사들도 이 대열에 합류하며 위생상의 이유에서라도 겨드랑이 털을 제거해야 한다고 주장했어요. 광고 때문에 털 없는 겨드랑이가 세련된 신여성의 상징이 되고 만 셈이지요. 결국 1920년대가 되자 이들의 논리에 힘입어 여성들이 겨드랑이 털을 제거하기 시작했어요.

한편, 여성이 다리털을 면도하기 시작한 것은 이보다 훨씬 나중의 일입니다. 1930년대에는 긴 치마가 유행했고, 타이츠를 착용하기도 했어요. 그래서 다른 사람에게 보이지도 않는 다리털에 신경 쓸 이유가 없었습니다. 하지만 그 뒤 20여 년이 흐르자 다시 짧은 치마와 얇은 스타킹이 유행했어요. 이때부터 여성들은 면도기를 사용해 다리털을 제거하기 시작했습니다.

하지만 세계 여러 곳을 여행하다 보면 겨드랑이나 다리를 제모하지 않은 여성도 많습니다. 패스트푸드 체인점과 같은 갖가지 서구 문화의 확산과 함께 여성이 면도하는 문화도 전 세계로 퍼져 나가는 추세이지만요.

» 남자들은 수염과 전쟁을 치르지요

이제껏 우리는 여성의 제모에 대해 살펴봤습니다. 그렇다면 남성은 왜 면도를 할까요? 서양에는 수백 년 전부터 면도칼이 존재했습니다. 하지만 서양 남성들은 일부러 수염을 길렀어요. 그런데 제 1차 세계 대전이 끝난 뒤 모든 것이 변했습니다. 미군에 입대 신청을 하기 위해서는 일단 면도부터 해야 했기 때문이지요. 이 시기에는 '안전면도기'라는 상품이 개발되어 선풍적인 인기를 끌었습니다.

- 엔지니어였던 윌리엄 니커슨은 단단하면서도 얇고 저렴한 면도날을 고안해 냈지요.
- 미국의 발명가이자 세일즈맨인 킹 질레트는 면도기하면 바로 떠오를 정도로 유명한 사람이지요.

1900년대 초, 질레트는 엄청난 양의 지면 광고를 통해 새로 발명한 면도날을 홍보했습니다. 광고에 힘입어 판매량은 나날이 폭증했어요. 당시 전쟁을 치르던 미국 정부는 질레트가 안전면도기를 미군에 납품하도록 허가했습니다. 화생방 공격을 막아 주는 방독면을 제대로 착용하려면 면도를 꼭 해야 했기 때문이었지요. 전쟁이 끝날 때까지 약 3천5백만 개에 달하는 군용 면도기 세트가 소비되었다고 해요. 그 결과 미국 전역에서 남성들 사이에 면도가 유행처럼 번졌지요.

>>모든 남성이 면도를 하는 건 아니에요

지금도 일부 종교에서는 남성이 얼굴에 난 수염을 깎지 못하게 금지합니다. 구레나룻을 자르지 못하게 하는 경우도 있고요. 상당수의 보수 종교에 여전히 이러한 관습이 남아 있지요. 사실 몸에 난 털을 면도하거나 뽑는 행위에 어떤 생물학적 혹은 위생적 이유가 있는 것은 아니랍니다. 그보다는 미적인 기준이나 종교적인 신념에 의해 털을 기르거나 없애지요. 그러니까 제모를 하느냐 마느냐는 순전히 개인의 선택에 달린 문제입니다.

몸 냄새에 관하여

겨드랑이에 코를 대봅시다. 이게 무슨 냄새지? 바로 몸 냄새에요. 다른 말로는 '암내'라고 하지요. 지금껏 겨드랑이에서 벌어지는 일에 대해서는 별로 관심이 없었을 거예요. 아침에 옷을 갈아입으면 온종일 뽀송뽀송했을 테니까요. 하지만 사춘기가 찾아오면 상황은 달라집니다. 샤워한 지 몇 시간도 지나지 않아 겨드랑이가 축축해지기 마련이지요. 예전에 땀을 많이 흘렸을 때와는 사뭇 다른 느낌이 들기도 하고요. 왜 이럴까요?

우선 땀의 양 자체가 문제입니다. 10대 청소년이 어린이보다 땀을 더 많이 흘리거든요. 게다가 땀이 박테리아와 만나 반응하면서 지독한 냄새까지 나지요. 하지만 냄새를 해결할 방법이 전혀 없는 것은 아닙니다. 샤워할 때마다 비누와 물로 겨드랑이를 잘 닦아 주세요. 그렇게 하면 몸 냄새를 어느 정도는 지울 수 있습니다.

여드름에 관하여

새 옷을 입고 거울 앞에 선 어느 날, 시야에 '그것'이 포착된 거예요. 맞아요. 빨간 뾰루지가 올라왔어요. 턱 언저리에 솟아오른 이 녀석은 왜 그리 커 보이는지……. 도대체 이게 뭐지? 뭐긴 뭐예요. 여드름이지. 처음으로 여드름을 얼굴에서 발견했다면 이 두 가지 생각이 떠오를 거예요.

• 내 얼굴에 왜 이런 게 생겼지?

• 얘를 어떻게 없애지?

여드름이 생기는 원인에 대해 정확히 아는 사람은 없습니다. 특히 10대 이전에 생기는 여드름에 대해서는 더 밝혀진 바가 없지요. 물론 여드름을 일으킬 만한 조건을 밝히려는 논문은 무수히 많아요. 박테리아, 영양 부족, 수면 부족이나 스트레스 등등. 어떤 전문가는 '안드로겐'이라는 호르몬을 원인으로 지목하기도 해요. 안드로겐은 '피지샘'을 관장하는 호르몬입니다. 피지샘은 두피에 기름기를 돌게 하는 기관이에요. 전문가들은 안드로겐에 의해 피지 분비량이 많아질수록 여드름이 날 확률 역시 높아진다고 주장하지요.

여드름은 여러 가지 문제를 동반합니다. 당혹감, 근심과 걱정, 대인 관계에서의 자신감 하락에 이르기까지 수많은 문제를 가져와요. 대수롭지 않게 생각할 문제가 아니지요. 얼굴에 온통 깨알 같은 무언가가 뒤덮인 상태에서 자기 자신을 멋지다고 느끼기란 쉬운 일이 아니니까요. 한 연구에 따르면 피부 트러블로 고민하는 사람은 스포츠 활동을 꺼리는 경향을 보인다고 해요. 사람이 많이 모이는 장소에 얼굴을 드러내는 일을 기피하기 때문이라고 합니다.

여드름으로 고민하고 있다면 우선 세수를 자주 하세요. 여드름 전용 연고와 같은 약품을 활용하는 방법도 있어요. 이때 약국을 이용해도 되지만 가능하다면 피부과 의사를 찾아가 보세요. 의학의 힘이 여러분을 어느 정도 도와줄 수 있을 거예요.

여드름만 없앨 수 있다면!

갑자기 30만 원이 생긴다면 그 돈을 어디에 쓸 건가요?

- 새 휴대 전화를 사고 싶나요?
- 친구와 함께 바다로 놀러가는 건 어때요?
- 맛있는 아이스크림을 사서 실컷 먹을까요?
- 평생 여드름 없이 살 수 있게 해 주는 약이 있다면 사 먹을래요?

몇 년 전 캘리포니아에 거주하는 청소년 약 200명을 대상으로 여드름에 관한 설문 조사를 실시했습니다. 응답자는 하나같이 평생 여드름 없이 살 수 있다면 다른 곳에 쓰지 않고 여드름 치료에 돈을 지불하겠다고 말했어요. 자 그럼 그들이 답한 내용을 구체적으로 살펴볼까요? 다음은 청소년들의 답변입니다.

- 평생 한 번도 여드름이 나지 않는 약이 있다면 30만 원을 지불하겠다.
- 오늘 하루만이라도 여드름 없이 지낼 수 있다면 10만 원을 지불하겠다.
- 지금 생긴 여드름의 반이라도 없앨 수 있다면 1만 원을 지불하겠다.
- 여드름은 사라지지만 흉터가 남는다면 돈을 지불할 생각이 없다.

위와 같은 결과가 말해 주는 바는 무엇일까요? 바로 여드름이 자기 자신을 부정적인 시선으로 바라보게 한다는 점입니다. 오죽하면 새 휴대 전화나 해변에서의 신 나는 하루를 포기하면서까지 여드름을 없애고 싶어 하겠어요? 그런데 여드름 치료에 대한 청소년들의 기대치 또한 만만치 않네요. 여드름이 조금 줄어드는 정도로는 만족스럽지 않은가 봐요. 청소년들은 짧은 시간에 완벽하게 깨끗한 얼굴을 갖기를 원하고 있네요.

사춘기가 빨라졌어요!

최근 발표된 수많은 연구 보고서에 따르면 요즘은 사춘기가 과거에 비해 일찍 찾아온다고 합니다. 사춘기의 초기 신호, 이를테면 가슴 멍울, 변성기, 음모의 발달 등이 과거에 비해 6개월에서 2년 정도 빨라졌다고 해요.

왜 그렇게 되었을까요? 많은 전문가가 사춘기가 빨라지는 이유를 알아내기 위

몸에서 변하지 않는 곳이 하나도 없는 건가요?

아닙니다. 사춘기 청소년의 몸은 전체적으로 엄청난 속도로 변화하지만 늘 그대로인 곳도 있답니다. 손가락 지문은 전혀 변하지 않잖아요?

리사 힉스는 캐나다 토론토 주에 거주하는 의사입니다. 리사에 따르면 사람의 머리카락 색깔은 변하지 않는다고 합니다. 일부러 염색을 하는 경우는 제외하고요. 눈 색깔도 마찬가지예요. "배꼽이 돌출된 편이면 평생 그렇게 살아야 해요. 귀의 생김새도 변하지 않습니다. 일부러 뚫고 찢고 늘이지만 않는다면 말이에요."라고 리사는 말합니다. 그렇다고 해서 정말 귀를 찢거나 늘일 생각은 마세요.

해 여러 가지 연구를 진행해 왔어요. 연구하는 사람이 많다 보니 이런저런 가설도 난무하고 있지요. 한 연구에 따르면 부모가 사춘기를 빨리 치렀다면 자녀 역시 사춘기를 빨리 경험할 확률이 높다고 해요. 또 다른 연구에 의하면 식습관이나 운동 습관 같은 생활 습관이 사춘기의 시작 시기와 관련이 있다고 합니다. 정확한 원인이 무엇이든 일단 사춘기가 빨라지는 현상은 쉽게 멈출 것 같지 않다고 하네요.

>> 사춘기가 빨라서 힘들어요

사춘기가 일찍 찾아오면 자신이 다른 친구들과는 다르다는 느낌을 받을 수 있어요. 아마 굉장히 혼란스러울 거예요. 특히 사춘기가 또래보다 일찍 찾아온 여자 청소년은 주변에서 자신을 이전과 다르게 대한다고 느끼기 쉽다고 해요. (음모와 달리 가슴의 변화는 숨길 수가 없으니까요). 같은 반 남자아이들이 놀려 대기 일쑤고, 장난을 친답시고 엉덩이나 가슴을 만지는 경우도 있지요. 하지만 이런 일이 벌어졌을 때는 즉시 담임선생님이나 주위의 어른에게 알려야 해요. 내 몸을 허락 없이 만지는 일은 절대 용납해서는 안 됩니다.

>> 난 이제 너무 나이가 들었어요

사춘기가 조금 빨리 찾아왔다고 걱정할 필요는 없습니다. 사춘기란 내 몸이 이제 어린아이의 몸과는 달라졌다는 것을 의미합니다. 그 사실이 슬프게 느껴질 수도 있어요. 여러분 중에도 그런 기분에 빠져 있는 사람이 있을지도 모르겠네요. 혹시 '난 아직 마음의 준비가 안 됐지만 받아들일 수밖에 없는 일 같아.'라고 생각하고 있나요? 그렇게 생각할 필요가 전혀 없어요. 겨드랑이에 털 좀 났다고 굳이 다른 친구와 다르게 행동해야 할까요? 아니요. 나는 여전히 나예요. 단지 몸에 털이 좀 많아진 것뿐이에요. 움츠러들지 마세요. 예전처럼 아빠에게 목마도 태워 달라고 하세요. 남동생과 함께 나무 타기도 하고요. 기분 전환을 하고 싶다면 만화 영화도 얼마든지 보세요. 아이 같이 순수한 마음을 간직해도 괜찮아요. 네? 싫다고요? 얼른 어른이 되고 싶다고요? 그 역시 멋진 일이지요.

몸의 변화가 중요한 이유가 뭐죠?

내 몸이 조금씩 변하는 모습을 지켜보는 일은 흥미롭기 그지없습니다. 그런데 사춘기의 신체 변화가 단지 겉모습이 변하는 것으로 끝나는 걸까요? 절대 그렇지 않습니다. 모든 신체 변화(여드름, 발기, 가슴 멍울 등)는 결국 내면과 자아상에도 영향을 미칩니다. 다음 장으로 넘어가서 왜 그런지 살펴볼까요?

생각해 봅시다!

여: 어떻게 하면 월경 기간 동안 몸을 잘 관리할 수 있을까요?

남: 목소리가 굵어지는 일에 대해 어떻게 생각하나요?

우리가 사는 이 세상에는 자신의 몸을 현실적인 시각으로 바라보지 못하게 하는 메시지가 범람하고 있어요. 하지만 왜곡된 이미지는 얼마든지 바로잡을 수 있어요. 건강한 신체 이미지가 왜곡되고 조작되는 방식을 이해하기만 하면 자신의 몸을 현실적인 기준으로 바라볼 수 있지요.

PART 2

내 **몸**을 **어떻게** 바라봐야 할까요?

여러분의 몸은 이 세상에 단 하나뿐이에요 아낌없이 사랑해 주세요!

거울 앞에 서서 내 얼굴을 보세요. 얼굴이 잘 보이나요? 얼굴이 실제와 똑같은 크기로 보이나요? 아니면 얼굴과 거울 사이의 거리에 따라 얼굴의 크기가 달라지나요? 사실 둘 중에 정답은 없습니다. 정답을 알고 싶다면 이렇게 해 보세요.

❶ 거울 앞에 똑바로 섭니다.
❷ 거울에 비친 정수리 부분에 스카치테이프나 색연필로 표시를 하세요.
❸ 이번에는 턱 끝에 같은 방법으로 표시하세요.
❹ 표시한 두 지점 사이의 거리를 재 보세요.

어때요? 거울에 비친 모습이 실제 크기보다 훨씬 작지 않나요? 거울 쪽으로 아무리 가깝게 다가가서 재어 보아도 마찬가지일 거예요. 실물 크기의 반 정도밖에 되지 않지요.

거울이 참 대단한 속임수를 쓰고 있네요? 그런데 거울만 우리의 본모습을 왜곡하고 있을까요? 때로는 뇌 역시 이러한 오류를 범한답니다. 우리는 주변 친구나 가족이 나를 바라보는 것과는 전혀 다르게 자기 모습을 바라보기 쉽다고 합니다.

물론 남이 나를 어떻게 보든 별로 신경 쓰지 않는 사람도 있을 거예요. 확실히 다른 사람의 시선에 너무 연연하며 살아가는 태도는 인생에 도움이 되지 않습니다. 하지만 나를 바라보는 남들의 시각을 조금씩 참고할 필요는 있습니다. 나조차 알지 못하는 진정한 내 모습을 알아 가는 데 도움이 되기도 하니까요.

자신의 모습을 그려 보세요

다른 사람의 눈에는 여러분이 멋지고 사랑스럽습니다. 특히 여러분의 미소는 백만 불짜리지요.

그런데 내 눈에는 내가 너무 뚱뚱하거나 너무 말랐고, 지나치게 근육질이거나 너무 초식남이에요. 털북숭이에 키가 너무 크거나 아니면 너무 작아요. 하여튼 이래저래 마음에 안 들어요.

남이 보는 나와 내가 보는 나는 왜 이렇게 다른 걸까요? 달라도 너무 다르네요. 과연 어느 쪽이 '진정한 나'일까요?

어려운 문제라고요? 어려울 거 없어요. 있는 그대로의 내 모습을 바라보세요. 그런데 우리 주변에는 나 자신을 제대로 보지 못하게 하는 요소가 너무 많아요. 무엇이 내 눈을 가려 진정한 나를 보지 못하게 하는 걸까요? 함께 알아봅시다!

>> 대중 매체가 전하는 메시지

TV, 인터넷, 잡지나 영화, 책 표지, 매일 이용하는 버스의 광고판에 이르기까지 우리는 숱한 이미지에 노출되어 있습니다. 이러한 이미지들은 인간의 몸에 대해 왜곡된 메시지를 담고 있는 경우가 많아요. 대중 매체가 전하는 왜곡된 메시지는 주로 모델이나 영화배우가 등장하는 광고를 통해 사람들에게 전파됩니다. 심지어 고추장 광고에도 고추장과 상관없는 잘생긴 남녀 모델이 나오는 판국이지요. 타이어 광고에서 영화 예고편에 이르기까지 광고에는 잘생기고 예쁜 모델이 등장합니다. 지난 100여 년간 쭉 그래왔어요. 그 결과 우리는 광고에 나온 사람들처럼 생긴 것이 정상이라고 생각하게 되었지요. 정말 그럴까요? 주위 사람들을 한번 둘러보세요. 다들 모델처럼 생겼나요?

>> '광고'가 존재하지 않던 시절!

광고가 넘쳐 나지 않던 시절로 돌아가 봅시다. 언제가 좋을까요? 1867년으로 거슬러 가 볼까요? 물론 1867년에도 청소년은 외모에 관심이 많았어요. 하지만 비교 대상이라야 자기 주위에 있는 (사진 보정을 거친 모델이 아닌) 사람들이 전부였기 때문에 자신의 몸에 대한 기준이 상당히 현실적이었어요.

하지만 오늘날은 어떤가요? 어떤 배우는 하루 몇 시간씩을 오로지 몸매를 만드는 데만 투자합니다. 개인 트레이너를 두고 헬스장에서 살다시피 하지요. 우리가 축구를 하거나 만화책을 보며 즐거운 시간을 보내고 있을 동안에 말이에요. 우리가 친구와 놀러 다니거나 숙제하느라 바쁠 때에도 배우는 계속 헬스장에 있어요.

그렇게 온종일 헬스장에서 몸이나 만들고 있다니. 어딘가 좀 비현실적이지요. 생각하기에 따라서는 정말 웃기는 일이에요.

자신의 몸을 현실적인 시선으로 바라보는 일은 청소년에게 특히 중요합니다. 사춘기의 성장과 변화를 긍정적인 시각으로 받아들이게 하거든요. 그런데 우리가 사는 이 세상에는 우리의 몸을 현실적인 시각으로 바라보지 못하게 하는 메시지가 범람하고 있어요. 하지만 왜곡된 이미지는 얼마든지 바로잡을 수 있어요. 건강한 신체 이미지가 왜곡되고 조작되는 방식을 이해하기만 하면 자신의 몸을 현실적인 기준으로 바라볼 수 있지요. 자, 그러면 이제부터 우리 사회에서 건강한 몸 이미지가 어떻게 왜곡되는지 자세히 살펴볼까요?

>> 10대 고객은 평생 고객!

상업 광고는 대개 우리의 겉모습에 영향을 주고 있습니다. 우리는 광고를 보고 신발이나 가방, 화장품 등을 구입해 사용하니까요. 그런데 광고의 영향력은 구매로만 그치지 않습니다. 광고는 우리의 생각에까지 영향을 미치지요. 여성을 위한 생리대 광고가 그 대표적인 사례입니다.

1920년대 서양의 생리대 제조업체들은 여성을 자기 회사의 평생 소비자로 만들 묘안을 생각해 냈습니다. 이제 막 월경을 시작한 소녀층을 고객으로 공략한다는 전략이었지요. 어려서부터 특정한 상품에 익숙해지면 성인이 되어서도 그 제품을 계속 사용할 가능성이 높다고 판단한 거예요. 생리대 회사들이 소녀층을 공략한 방법에 대해 구체적으로 알아볼까요?

>> 끝까지 읽게 하면 된다!

생리대 회사들은 주로 다음과 같은 전략으로 생리대를 판매했어요.

1단계, 광고 전단을 이용해 월경에 대한 교육을 실시한다.

2단계, 교육을 마칠 때쯤 우리 회사의 제품을 홍보해 신뢰감(친근감)을 얻는다.

3단계, 제품에 대한 신뢰감(친근감)을 토대로 일반 매장에서 구매하도록 유도한다.

1929년에 제작된 코텍스사의 생리대 광고는 '마조리 메이의 12번째 생일'이라는 제목으로, 마조리의 엄마가 막 월경을 시작한 딸에게 몇 가지 조언을 주는 내용을 담고 있었지요. "얘야, 이 생리대 좀 찬찬히 살펴보렴. 이제 곧 네게도 대자연의 순결한 정화 작용이 일어나게 될 거란다. 그때가 되면 이 생리대가 큰 도움이 될 거야."

어딘가 좀 어설픈 문구지만 코텍스사의 의도만큼은 쉽게 파악할 수 있겠지요? 이 회사는 미래의 고객이 될 10대 여자 청소년이 월경에 대해 두려움을 갖는 대신 다음과 같이 받아들이기를 원했던 것 같아요.

- 월경은 멋진 경험이다.
- 그러나 해결책이 필요한 문제 상황이기도 하다.

잘 살펴보면 오늘날의 생리대 광고가 소비자에게 전달하는 메시지 역시 여기에서 크게 벗어나지 않습니다. 사회적 공익 달성에 도움을 주는 척하면서 슬쩍 자신들의 제품을 끼워 파는 것입니다. 생리대뿐 아니라 면도 용품, 탈취제, 화장품, 브래지어 등 다른 상품들도 마찬가지지요.

>> 남자 청소년도 똑같아요

처음으로 생리대를 구매하는 어린 여자 청소년만 상업 광고의 희생양이 되는 것은 아닙니다. 10대 남자 청소년이나 성인 남성 역시 대중 매체의 왜곡된 메시지로부터 자유롭지 못하지요. 남자 청소년도 몸에 대한 왜곡된 메시지로 인해 여자 청소년들과 거의 같은 강도의 스트레스를 받는다는 보고서까지 나와 있어요. 물론 남녀 간에 차이는 있지만요.

대중문화 연구가 겸 작가인 린 페릴에게 물었습니다

질문 대기업이 생리대나 탐폰 광고를 시작했을 당시, 실제로 10대 여자 청소년이나 성인 여성이 자신을 다르게 바라보기 시작했을까요?
린 물론이죠. 분명히 다르게 바라보게 되었지요. 당시 생리대 회사가 전달한 메시지는 다음과 같습니다. "월경은 누구에게나 즐거운 경험이 되어야 합니다. 현재 월경이 즐겁지 않다면 무언가 문제가 있는 거예요. 그리고 하나 더! 월경을 할 때는 특별한 관리가 필요해요. 관리를 하지 않으면 깔끔한 여자가 되기 힘들어요."

질문 요즘은 그때와 어떤 점이 달라졌나요?
린 최근의 생리대 광고에는 "우리는 월경을 즐거운 경험으로 만들어 줍니다. 우리 회사는 재미있는 광고와 재미있는 제품을 만들고 있어요."라는 메시지가 난무하고 있어요. 여전히 월경에 대한 여성의 정서를 좌지우지하려는 회사가 많다는 거지요. 하지만 요즘은 정서를 지배하려는 광고가 줄고 있어요. 도가 지나치면 오히려 역효과가 난다는 사실을 기업이 모를 리 없으니까요.

여자 청소년의 고민 키, 과체중, 피부색, 머리나 옷 스타일

남자 청소년의 고민 키, 저체중, 피부색, 머리나 옷 스타일

남녀 간의 차이를 발견했나요? 맞아요. 여자 청소년들은 날씬해 보이길 원하는 반면 남자 청소년들은 크고 조각 같은 몸매를 가져야 한다고 생각하지요. 그래서 남자 청소년들은 식사량을 조절해 가며 조각 같은 몸매를 가지려고 노력하지요. 단백질 보충제나 파우더까지 먹어 가면서요. 하지만 남자 청소년들은 절대 자신의 신체적 고민을 친구에게 털어놓는 법이 없습니다. 신체적 고민을 놓고 이야기꽃을 피우는 이들은 주로 여자 청소년들이에요. 물론 여자 친구들의 대화가 항상 바람직한 방향으로 흐르지는 않지만요.

제발 뚱뚱하다는 얘기 좀 그만하세요!

다음과 같은 대화를 몇 번이나 들어봤나요?

친구1 난 너무 뚱뚱해.

친구2 아냐. 넌 괜찮아. 내가 뚱뚱해서 문제지.

친구1 야, 너 그게 무슨 소리야? 네가 얼마나 말랐는데. 내 다리 좀 봐. 장난 아니잖아?

친구2 아니라니까. 네 다리 정도면 완전 가늘지. 내 팔뚝 좀 봐.

여성들의 대화에서 흔히 들을 수 있는 이야기들입니다. 여성들은 왜 이렇게 살 이야기를 하는 걸까요? 《여성 심리 *Psychology of Women*》라는 계간지에 실린 한 보고서에 따르면 10대부터 대학생에 이르는 젊은 여성 중 약 93퍼센트가 자신의 신체 사이즈에 대해 불만을 토로한다고 해요. 누가 보아도 아주 건강하고 정상적인 체형임에도 말이지요.

>>그저 말 한마디로 확인받고 싶은 거예요.

그런데 이 연구를 통해 밝혀진 사실이 하나 있습니다. 여자 친구들 사이에 이러한 대화가 오가는 이유는 상대방의 입을 통해 자신이 뚱뚱하지 않다는 사실을 확인받고 싶어서라고 합니다. 만약 "난 너무 뚱뚱해."라고 말하는 친구가 있다면 그 친구는 "아니야. 너 안 뚱뚱해."라는 말을 듣고 싶어 하는 거예요. 하지만 이런 대화가 도움이 될까요? 살 얘기를 자꾸 하다 보면 기분이 좋아지는 게 아니라 오히려 기분이 나빠질 가능성이 높습니다. 자기 몸에 대해 부정적으로 말하는 버릇을 들이면 자신에게 어딘가 문제가 있다고 느끼게 되지요. 그러다 보면 자신을 부정적인 시각으로 바라보게 된답니다.

그렇다면 어떻게 해야 할까요? 친구와 살 얘기를 하지 않고 가만히 있기에는 너무 불안하다고요? 불안해하지 마세요. 여러분의 몸은 굉장히 멋져요. 자신의 몸에서 멋진 부분을 찾아내면서, 내 몸에 대해 긍정적으로 생각해 보세요. 또한 몸을 소중히 여기고, 튼튼하고 건강한 몸을 만들기 위해 애쓰세요. 돌출된 치아나 매부리 코, 큰 엉덩이, 커다란 점 때문에 고민이라고요? 걱정할 필요 없어요. 결점이라고 생각하는 신체적 특징이 남과 다른 독특한 나로 만들어 주니까요. 미심쩍거든 주변의 친구에게 직접 물어보세요.

자, 그럼 이제 우리 한 가지만 실천해 볼까요? 이제부터 친구가 살이나 생김새에 대해 부정적인 대화를 시작하려 할 때는 "우리 둘 다 아주 예뻐."라고 말한 뒤 얼른 대화 주제를 바꾸는 거예요. 누구든 나의 몸에 대해 부정적인 평가를 하도록 내버려 두지 마세요. 특히 스스로 자신의 몸에 대해 부정적인 생각을 갖는 일은 피해야 하겠지요?

남자 청소년들도 몸 때문에 고민합니다

불과 얼마 전까지만 해도 "남자 청소년은 자신의 몸에 대해 어떻게 생각하나요?" 하고 물으면 전문가들조차 "글쎄요. 아마 별 생각 없을 걸요?"라고 대답했어요.

전문가들의 이 같은 반응에 모스 노먼 교수는 깜짝 놀랐지요. 노먼 교수 자신의 10대 시절 경험과는 너무 다르기 때문이었어요. 노먼 교수는 남자 청소년들도 몸에 대해 관심이 많다고 생각했거든요. "청소년 시절에 저는 수영에 열을 올렸어요. 그래서인지 허벅지가 정말 두꺼웠지요. 맞는 바지가 없을 정도였으니까요. 어느 순간 '혹시 내가 비만인가?' 하는 고민에 빠졌어요. 다른 친구는 전부 마르고 조그

마한 몸집인데 저만 훌쩍 커 버린 기분이 들었습니다. 열두세 살 무렵에는 그런 느낌이 정말 싫거든요."

노먼 교수는 자신의 경험을 바탕으로 요즘 남자 청소년들이 자신의 몸에 대해 어떤 생각을 갖고 있는지 알아보기로 했습니다. 그래서 토론토에 거주하는 13세에서 15세까지의 사춘기 남자 청소년 32명을 모아 놓고 '명품 몸매'에 대한 의견을 물었지요. 그러자 봇물 터지듯 여러 이야기가 오고 갔어요. 다음은 노먼 교수가 남자 청소년들과의 인터뷰를 통해 알게 된 사실이에요.

- 대다수 남자 청소년이 자신의 신체에 대해 고민하고 있다. 속으로 끙끙 앓으면서도 남에게 말하지 않을 뿐이다.
- 남자 청소년들은 무조건 덩치가 크고 근육질인 몸매가 최고라고 생각하지는 않는다. 열다섯 살에 근육질 몸매를 갖는 것은 어차피 어려운 일이며 부자연스럽기도 하다.
- 남자 청소년들은 단지 뒤지 않는 평범한 몸을 원할 뿐이다. 하지만 '평범한'이라는 단어의 기준은 개인마다 다를 수 있다.

노먼 교수는 남자 청소년도 자신의 몸에 대한 생각을 다른 사람과 허심탄회하게 나눌 수 있는 사회적 분위기가 조성되어야 한다고 조언합니다. "세상은 아직도 남성의 신체를 노동이나 스포츠 같은, 어떤 행위를 하기 위한 도구로 인식하고 있어요. 걱정하고 가꾸고 보호해야 할 대상으로는 보지 않지요."

다시 말해서 다리는 축구공을 차는 데 쓰고, 손은 바이올린을 켜는 데 사용하면 그만이라는 생각은 문제가 있다는 이야기입니다. 자신의 신체 부위에 대해 불만족스럽게 느낀다고 해도 이상한 일이 아니에요. 노먼 교수가 10대 시절에 경험했듯이 굵은 허벅지 때문에 고민 좀 한다고 해서 남성성이 사라지는 것도 아니지요. 우리는 성별을 떠나 다 같은 인간일 뿐이에요.

잘 알겠지요? 앞으로는 자신의 몸에 대한 고민을 툭 터놓고 표현하세요. 속으로만 전전긍긍하지 말아요.

왜곡된 몸 이미지가 마음의 병을 만들어요

광고나 대중 매체 이외에도 우리 몸에 대한 잘못된 인식을 만들어 내는 요소는 많습니다. 광고와 대중 매체만을 비난할 수는 없지요. 사람들이 자신의 몸을 초라하다고 인식하는 데는 다양한 이유가 존재합니다. 우울증도 그중 하나입니다. 우울증은 극심한 슬픔과 절망감을 장기간 경험하는 증상이지요. 우울증에 대해서는 이 책의 PART5에서 더 자세히 알아볼 거예요. 자기 자신을 초라하다고 생각하는 사람은 대개 매사를 끊임없이 걱정합니다. 과거에 저지른 실수까지 가슴속에 꼭꼭 담아 두고 심지어 아직 일어나지도 않은 일을 상상하며 고민에 빠지기 일쑤지요.

정확한 원인이 무엇이든, 왜곡된 몸 이미지를 가진 사람들은 몸에 대한 고민과 스트레스에서 벗어나려고 하다가 '식이 장애'를 경험하기도 합니다. 식이 장애는 심각한 문제입니다. 식이 장애를 가진 사람들은 음식을 아예 먹지 않거나 구토를 하는가 하면 지쳐 쓰러질 때까지 운동을 하지요. 다음은 식이 장애의 다양한 증상입니다.

- **거식증** 거식증을 앓는 사람은 몸무게가 늘어나는 일에 대한 극심한 두려움이 있습니다. 온종일 음식에 대해 생각하다가 결국 먹는 양을 점점 줄이지요. 건강에 치명적인 문제가 생길 정도로 몸이 말랐는데도 오히려 뚱뚱해 보일까 봐 고민합니다.
- **폭식증** 폭식증 역시 심각한 증상입니다. 폭식증을 앓으면 엄청난 양의 음식을 먹어 댑니다. 그런데 음식을 먹고 난 뒤에는 기분이 가라앉고 우울해지지요. 그러면 폭식증 환자는 먹었던 음식을 전부 토해 버립니다. 이 과정에서 식도와 치아가 손상되고 성대가 망가지지요. 심한 경우에는 위산과다, 부정맥, 피부 건조, 탈모까지 진행됩니다. 폭식증을 앓는 환자는 자신이 먹은 음식을 몸 밖으로 내보내기 위해 변비약 같은 약품을 남용하기도 해요. (맞아요. 화장실을 수없이 들락거리는 거예요).
- **과식증** 과식증은 끊임없이 음식을 먹고 싶어 하는 증상입니다. 멈추고 싶은 마음은 있지만 자신을 통제할 수 없는 상태예요.
- **보충제 섭취** 자신의 몸이 너무 왜소하거나 근육이 부족하다고 생각하는 남자 청소년은 단백질 보충제를 먹기도 합니다. 단백질 보충제가

몸을 키우는 데 도움을 줄 거라 믿고 있지요. 하지만 시중에는 검증되지 않은 제품이 많이 유통되고 있어요. 검증되지 않은 보충제가 몸에 어떠한 영향을 줄지는 아무도 모릅니다.

- **운동 중독** 전국 달리기 대회에 출전할 정도로 달리기를 좋아하는 여자 친구가 있습니다. 부모님의 응원 속에서 축구장을 종횡무진하며 희열을 느끼는 남자 친구도 있지요. 여기까지는 참 흐뭇한 풍경이에요. 그런데 요즘 친구들이 좀 이상해졌어요. 여자 친구는 잠시도 가만히 있지 못하고 하루에도 몇 차례씩 뛰고 또 뜁니다. 남자 친구는 근육을 키우고 싶어서 종일 헬스장에서 운동 기구를 들어 올리고 있어요. 친구와 어울리는 시간도 아까워하지요. 이쯤 되면 일종의 운동 중독 상태라고 볼 수 있습니다. 운동에 중독된 사람들은 쉬지 않고 몸을 움직여요. 자기가 정해 놓은 일정표대로 운동하지 못하면 불안을 느끼며 죄의식에 시달리기까지 합니다.

>> 식이 장애를 겪는 사람은 어떤 이들인가요?

식이 장애를 겪으며 고통받는 사람은 소수에 불과해요. 하지만 10대와 성인 여성의 약 절반가량이 일생에 한 번은 체중 조절을 위해 건강에 해로운 선택을 한다고 해요. 최근에는 남자 청소년 사이에서도 식사 조절과 운동을 해야 한다는 압박감이 확산되고 있어요. 그런데 자기 몸에 대해 부정적 사고를 하고 있거나, 식이 장애를 겪는 사람들에게는 한 가지 공통점이 있어요. 바로 낮은 자존감입니다.

하지만 다행히도 청소년의 식이 장애와 운동 중독을 치료하는 길은 분명히 있습니다. 전문가들이 도와줄 거예요. 그러니까 만약 음식 섭취나 운동 습관 때문에 문제를 겪고 있다면 망설이지 말고 병원 문을 두드리세요.

허리 아랫부분 : 남자 청소년

키나 몸무게, 여드름 때문에 고민하는 남자 청소년이 있다는 사실은 앞서 살펴봤어요. 그런데 우리를 골치 아프게 하는 신체 부위가 하나 더 있어요. 바로 음경입니다. 어느 날, 체육 수업을 마치고 옷을 갈아입고 있었어요. 그때 친구의 음경을 우연히 보게 되었지요. 그런데 친구의 음경이 내 것과 달라 보이는 거예요.

그리고 친구 한 명은 자기 음경이 다른 애들의 음경보다 훨씬 크다며 떠벌려요.

알려주세요!

로스앤젤레스 시의 공인 영양사인 반다나 셰스가 말합니다.

저는 최근 단백질 보충제 소비가 늘어나는 현상에 대해 상당히 우려하고 있어요. 영양사인 제가 볼 때 건강을 생각한다면 단백질과 같은 영양소는 음식을 통해 섭취하는 게 옳습니다. 보충제는 필요 없어요. 또한 보충제보다는 음식으로 영양소를 섭취하는 편이 훨씬 경제적이기도 하고요. 단백질 보충제 1회분을 사려면 대략 2,000원 정도가 필요하지만 우유에 시리얼을 넣어 먹는 한 끼 비용은 1,000원이 넘지 않아요. 단백질의 주요 성분인 아미노산의 양을 비교해도 별 차이가 없어요. 그러니까 균형 잡힌 식사를 하세요. 온종일 불량식품만 먹으면서 단백질 보충제가 모든 걸 해결해 주기를 기대하지 말고요.

친구 말이 거짓말이라고 의심하면서도 '혹시 내 음경의 크기나 모양이 비정상이면 어떡하지?'라는 고민에 빠져들게 됩니다. 어때요? 비슷한 경험이 있나요? 그렇다면 어디 한번 이 문제에 대해 솔직하게 얘기해 볼까요?

진실1 음경도 그저 신체의 일부분에 불과합니다. 가운뎃발가락이나 넓적다리뼈 때문에 심각한 고민에 빠지지 않듯이 음경에 대해서도 마찬가지로 생각하면 되는 거예요.

진실2 음경이 눈썹이나 팔꿈치보다 주목받는 이유는 은밀하게 감추어져 있기 때문입니다. 감춰진 것에는 왠지 호기심이 생기잖아요? 다른 사람의 음경은 어떻게 생겼을지 궁금해하기 딱 좋지요.

진실3 삼류 코미디 영화에서부터 친구의 허풍에 이르기까지 음경과 관련한 신빙성 없는 이야기들은 세상 어디에든 넘쳐 납니다. '남성성을 뽐내려면 오로지 음경의 크기와 길이로 승부를 봐야 한다.'는 생각이 깔려 있는 경우가 많지요. 이런 생각은 저급한 영화를 만들 때나 필요할 뿐 말도 안 되는 생각이지요.

진실4 자신의 음경을 두고 허풍을 떨기란 사실 쉬운 일이에요. 어차피 남이 확인할 수는 없을 테니까요. 하지만 허풍이 괜히 고민만 키운다는 사실을 기억하세요.

진실5 우연히 다른 사람의 음경을 보게 되더라도 이 점을 기억하세요. 평상시의 음경 크기와 발기 후의 음경 크기는 아무런 연관성이 없어요. 발기 뒤 크기가 평상시보다 0.5센티미터밖에 커지지 않는 경우가 있는가 하면, 발기 뒤 크기가 두 배로 늘어나는 경우도 있거든요. 그러니까 친구의 음경이 당장 커 보여도 발기 후에는 크기 변화가 거의 없을 수도 있고, 크지 않은 음경이 발기 후 크고 긴 음경으로 변할 수도 있답니다.

진실6 남자 청소년이 음경 문제로 고민하는 동안 여자 청소년도 비슷한 경험을 합니다. 물론 여자 청소년은 음경 대신 자신의 가슴 크기나 모양을 두고 심각한 고민에 빠지지요. 너무 풍만하다, 너무 납작하다, 크다, 작다 등 별의별 이유가 있습니다. 특히 상당수 여자 청소년이 자신의 가슴이 너무 작다고 걱정하고 있어요. 영화나 인터넷 매체, 주변 친구들로부터 '가슴은 큰 게 좋다.'라는 잘못된 이야기를 들어온 탓이지요. 남자 청소년 여러분, 크기에 연연하는 이 모습 왠지 익숙하지 않나요? 하지만 음경이건 가슴이건 무조건 크다고 최고가 아니라는 사실을 기억하세요!

» 궁극의 진실을 공개합니다

모든 남성의 음경은 100퍼센트 완벽하고 멋집니다. 사람마다 음경은 크기와 모양이 다 달라서 크기로만 비교할 수도 없지요. 더구나 여성은 상대 남성의 겉모습만 보지 않아요. 여자 청소년들은 "남자애들은 왜 그리 음경의 크기에 연연하는지 이유를 모르겠어요."라고 말합니다. 남자 친구들의 음경에 대한 집착이 너무 이상하다고 말하는 여자 친구들이 얼마나 많은지 몰라요. 성인이 되면 사랑하는 사람과 특별한 관계를 갖게 됩니다. 그때 여자 친구는 음경의 크기에 그다지 신경 쓰지 않을 거예요. 음경의 크기는 문제되지 않아요. 오히려 여자 친구는 친절한 마음, 유머 감각, 요리 솜씨 등에 끌린답니다. 신체의 어느 한 부분에 끌리는 게 아니에요.

허리 윗부분 : 여자 청소년

많은 남자 청소년이 음경 때문에 고민한다는 사실을 아셨죠? 그런데 남자 애들이 왜 그런 걸로 고민하는지 이해가 안 된다고 말하면서 정작 여자 청소년들도 비슷한 고민을 합니다. 별것도 아닌 두 단어가 여자 청소년들을 괴롭혀요. 바로 '가슴 크기'이지요.

상황1 아이고! 또 체육 시간이네요. 작년까지만 해도 던지기, 달리기, 뜀뛰기를 가리지 않고 열성적으로 참여했어요. 하지만 이제는 운동장에 나가 뛰는 것보다 그늘에 앉아 구경이나 하는 게 마음 편해요. 가슴이 커지면서 전에 착용하던 스포츠 브래지어를 벗어 버리고 더 큰 사이즈의 브래지어를 착용하게 되었지요. 그런데 그때부터 남자애들이 수군거리며 낯 뜨거운 농담을 던지지 않겠어요? 마음이 불편하고 기분도 별로예요. 다시 예전처럼 축구도 하고 함께 신 나게 어울리고 싶은데……. 이제는 제가 골을 넣는 순간에도 모두들 제 가슴만 쳐다보는 것 같은 느낌이 들어서 너무 당황스러워요!

상황2 왼쪽 한 번 쳐다보고, 오른쪽 한 번 쳐다보고, 그러고 나면 나오는 건 한숨뿐이에요. 그렇게 간절히 기다렸는데 가슴은 조금도 커지지 않았어요. 이번 주말에 친구들은 브래지어를 사러 쇼핑몰에 간대요. 저는 약속이 있다는 핑계를 대느라 진땀을 흘렸어요. 엄마는 당신도 제 나이 때 가슴이 작았다며 위로하시지만 별로 위로가 안 돼요. 솔직히 엄마는 어른이 된 지금도 가슴이 작거든요. 너무 속상해요!

>> 위 두 상황 중 어느 쪽이 더 나을까요?

정답은 이미 알고 있을 거예요. 가슴이 커도 고민, 작아도 고민이지요. 일단 사춘기가 찾아오면 가슴이 변화한다는 사실부터 인식해야 합니다. 지금은 납작 가슴이지만 앞으로 6개월 뒤에는 브래지어를 사러 가는 친구들 행렬에 동참해야 할지 모르는 일이에요. 현재 내 가슴이 다른 친구에 비해 너무 크다고 느껴진다면 조금만 기다리세요. 친구들이 곧 내 뒤를 바짝 따라올 테니까요. 그러니까 마음을 느긋하게 가지세요.

성형 수술을 받아야 할까요?

귀가 너무 튀어나왔어! 가슴이 왜 이렇게 크지? 코는 이게 뭐야? 누구나 자신의 몸에서 마음에 들지 않는 구석이 있어요. 그렇다면 마음에 들지 않는 신체 부위를 성형하는 일에 대해서 어떻게 생각하세요? 미국 미용성형협회(American Society for Aesthetic Plastic Surgery)에 따르면 2010년 한 해 동안 시행된 전체 성형 수술 중 18세 미만 미성년자가 받은 수술은 약 1퍼센트(125,397건)라고 합니다. 그런데 안면 복원 수술처럼 순수하게 치료 목적으로 수술을 받은 경우도 있어서 실제로 미용을 위해 성형을 선택한 청소년은 아주 극소수에 불과하다고 해요.

찬성 귀가 너무 튀어나와서 어릴 때부터 친구들에게 놀림을 받아온 사람이라면 성형 수술을 통해 자신감을 되찾을 수 있어요.

반대 하지만 성형 사실이 곧 탄로 날 거예요. 그러면 이전보다 더 심한 놀림을 받을 수도 있어요.

찬성 낮은 코를 예쁘게 성형하면 자신감을 회복할 수 있어요.

반대 성형 수술 비용이 만만치 않아요. 장기적으로 봤을 때 성형이 자신감을 갖는 데 진정으로 도움을 주는지 알 수 없다는 연구 결과도 있고요.

찬성 가슴이 너무 크면 척추에 무리를 줄 수 있고 달리기를 비롯해 운동을 하기가 힘들어요. 성형 수술로 훨씬 편안해질 수 있어요.

반대 하지만 가슴이 언제까지 성장할지 모르기 때문에 사춘기에 섣불리 가슴을 성형하는 것은 상당히 위험한 결정이에요. 성장이 완료된 시점에는 수술 없이도 몸 전체와 가슴 크기의 비율이 완벽히 잘 맞을 수도 있지요.

TV나 잡지, 영화에는 성형 수술을 받은 10대 연예인이 자주 등장해요. 그래서 성형 수술이 청소년에게도 일반적인 행위인 양 착각하기 쉬워요. 하지만 실상은 그렇지 않습니다. 미국 미용성형협회에 따르면 실제로 성형 수술을 받는 미성년자는 극소수에 불과해요. 그리고 무엇보다 기억해야 할 것은, 자신을 있는 그대로 사랑할 수 있는 사람은 절대로 성형 수술을 선택하지 않는다는 사실이에요.

>> 발상 전환이 필요해요!

청소년기에 외모에 대해 걱정하고 고민하는 일은 자연스러운 흔한 현상입니다. 더구나 청소년이 아니더라도 사람은 누구나 자신이 남에게 어떻게 보일지 신경 쓰일 때가 있어요. 그런데 왜 외모에 민감해야 할까요? 다음에 소개하는 몇 가지 항목을 통해 나의 외모를 긍정적으로 바라볼 수 있는 내적 기준을 확립해 봅시다.

- **현실적이지 않아요** TV 광고나 잡지에서 예쁘거나 잘생겼다고 느껴지는 연예인을 봤다면 곰곰이 생각해 보세요. 그들의 외모가 과연 현실적인가요? 혹시 더 날씬하게, 더 근육질로 보이도록 화면이나 사진을 조작하지 않았을까요? 최근에는 화장 기술이나 조명, 포토샵 프로그램 등의 도움 없이 연예인의 모습을 공개하는 일이 드뭅니다.
- **이것이 현실이에요** 쇼핑몰이나 놀이 공원에 갈 일이 있거든 주위 사람들을 한번 유심히 살펴보세요. 평범하지만 있는 그대로의 실제 사람을 말이죠. 그들 중 모델이나 영화배우같이 생긴 사람이 얼마나 될까요? 사실 거의 없습니다.
- **건강이 더 중요해요** 몸은 정말 놀라워요. 세포 하나하나마다 제 역할이 있어서 호흡하고, 먹고, 자고, 뛰고, 시험공부도 할 수 있도록 돕고 있으니까요. 몸의 생김새보다는 몸이 내게 해 주는 일에 더 많은 관심을 쏟으세요.
- **운동하세요** 운동을 하면 좋은 점이 참 많아요. 일단 우리를 행복하게 만들어 줍니다. 게다가 건강까지 지켜 주지요. 또한 운동을 하면 자신의 몸을 사랑하게 됩니다. 수많은 연구가 이를 입증하고 있어요. 직접 확인해 보세요. 자, 그럼 운동장에서 만나요!

>> 부모님과 상의하세요

왠지 부담스럽다고요? 이해해요. 부모님께 잘못 이야기를 꺼냈다가 황당한 소리나 듣고 이런저런 참견에 시달릴지도 몰라요. 하지만 이 우주에서 나를 가장 사랑하는 사람이 부모님이라는 사실만큼은 부인할 수 없어요. 그러니까 지금까지 언급한 여러 문제로 인해 고민하고 있다면 일단 부모님께 조언을 구하세요. 내가 느끼는 여러 감정, 심지어 성관계에 관한 부분까지도 털어놓을 수 있다면 좋겠어요. 물론 처음에는 말을 꺼내기가 어색하겠지요. 하지만 부모님만큼 나의 비밀을 잘 지켜 줄 사람이 어디 있겠어요? 믿고 의지하세요. 그런데 대화 주제가 주제인 만큼 상당히 민감하고 복잡한 문제가 얽혀 있을 수 있어요. 그러니까 부모님께 고민을 털어놓거나 의견을 묻기 전에 일단 마음속에 대략적인 계획을 세워 두고 접근하는 게 좋아요. 몇 가지 요령을 제시해 볼게요.

요령 1 **타이밍을 잘 잡으세요**

출근 준비로 바쁘고 정신이 없는 아침 시간에 피임이나 몽정에 대한 화제를 꺼낸다면 좀 곤란하겠지요? 다른 사람의 방해가 없는 조용하고 한가한 때를 기다리세요. 예를 들어 자동차로 장거리를 이동하는 상황이라면 괜찮겠네요.

요령 2 **자연스럽게 시작하세요**

껄끄러운 질문을 던질 때는 특별한 요령이 필요합니다. 아래의 예를 보세요.

- "내일 학교에서 성교육 시간이 있는데요. 제가 너무 아는 게 없는 거 같아요."라고 운을 띄우거나 아니면,

- "엄마는 옛날에 몸이 막 변하기 시작할 때 어떠셨어요? 기억나세요?"
  라고 물으면 부드럽게 대화를 시작할 수 있겠지요?

요령 3 대화 상대를 잘 선택하세요

사춘기나 성관계에 대한 대화를 나누기 불편한 어른도 분명 있을 거예요. 그럴 때는 개방적 성향을 지닌, 좀 더 편안하게 대화할 수 있는 사람을 찾아보세요. 부모님과는 대화가 어렵다고 판단되면 믿을 만한 어른을 찾을 수도 있습니다. 친한 친구의 부모님도 괜찮고 나보다 나이가 많은 형제자매나 사촌도 좋습니다. 학교에는 보건 선생님이나 상담 선생님도 계시지요.

하지만 반드시 기억해야 할 사실이 하나 있습니다. 어른들의 조언이 전부 정답은 아니라는 거예요. 모든 질문에 다 답을 줄 수도 없고요. 하지만 어른들은 자신이 알고 있는 최선의 방법을 알려 주려고 할 거예요. 여러분이 행복하고 건강하고 안전하게 살아가길 바라니까요.

생각해 봅시다!

Q 거울에 비친 내 모습이 마음에 쏙 든다면 어떤 일이 벌어질까요? 그로 인해 내 인생은 어떻게 달라질까요?

만약 우리 모두가 자신의 모습에 충분히 만족하며 살 수 있다면 낮은 자존감 때문에 고통 받는 사람은 없을 거예요. 우리는 어느 정도 다른 사람과 자신을 비교하며 살 수밖에 없어요. 그렇다면 현명한 선택을 해야 해요. 가능하면 함께 있을 때 자신감을 유지할 수 있고 즐거운 기분을 전해 주는 사람과 함께하세요.

PART

3

자존감을 높여요

사라진 자존감 자신감 넘치던 옛 시절로 돌아가고 싶어요!

내 몸에 대한 부정적인 시선을 거두고 편안한 마음으로 거울 앞에 선 순간, 무언가가 불쑥 고개를 들이밉니다. 바로 '자존감 도둑'이에요. 자존감 도둑이 뭐냐고요? 자존감 도둑은 사람이나 상황, 생각 등의 여러 가지 형태로 우리에게 다가와 우리를 못살게 굴고는 하지요. 예를 들면 이런 것들이 있어요.

- 여자애들은 수학을 못해.
- 남자는 울지 않아.
- 여자는 운동에 약해.
- 남자끼리는 포옹 같은 건 안 해.

사춘기에 접어든 청소년에게 자존감 도둑의 영향력은 엄청납니다. 사춘기는 신체, 지능, 사회적 태도 등 모든 것이 바뀌는 시기기 때문에 자존감 도둑이 부정적인 영향을 주기 더 쉽지요. 사춘기에 돌입한 청소년은 각자의 시각으로 세상을 바라보고, 이를 통해 얻은 정보로 자신이 누구인가에 대한 해답을 찾으려 합니다. 세상에서 얻은 정보가 자존감에 긍정적인 영향을 준다면 더 바랄 게 없겠지요. 그러면 우리는 행복하고 편안한 상태에서 정신적으로 건강하게 살아갈 수 있을 거예요.

그러나 세상에서 얻은 정보들이 부정적 정보이거나(앞서 살펴본 몇 가지 자존감 도둑의 사례처럼), 나의 개성을 충분히 반영하지 못하고, 나의 세계관과 일치하지도 않는다면 혼란스러울 수밖에 없겠지요.

때에 따라서 자존감 도둑의 부정적 영향 때문에 내가 아닌 다른 사람처럼 행동해야 한다고 느낄 수도 있습니다. 성별에 따라 자존감 도둑의 작용 방식이 약간씩 다르긴 하지만 그 결과는 누구에게나 마찬가지입니다. 자기 본연의 모습과 멀어지게 되지요. 정확한 이유를 말로 표현할 수는 없지만 무언가 잘못되었다고 느끼게 돼요.

아는 것이 힘!

자존감이 뭐예요?

자존감은 우리가 자기 자신을 어떻게 평가하는가와 관련된 감정입니다. 우리가 실제로 어떻게 생겼는지는 자존감을 갖는 데 별로 중요하지 않아요. 우리가 자신의 외모를 어떻게 평가하느냐가 더 중요합니다. 또한 자존감을 갖는 데는 실제 우리가 얼마나 똑똑한지는 중요하지 않습니다. 자신의 두뇌에 대해 스스로 어떻게 판단하는지가 더 중요한 문제이지요.

여자 청소년의 자존감

자존감 도둑이 청소년에게 주는 영향은 큽니다. 우리의 생각을 지배하고, 행동을 변화시키지요. 자, 그럼 자존감 도둑이 여자 청소년에게 어떤 영향을 미치는지부터 살펴봅시다.

>>그렇게 생긴 사람이 어디 있어요?

대중 매체에서 그려 내는 여자 청소년과 성인 여성의 모습은 현실에서 찾아보기 힘듭니다. 하지만 눈만 돌리면 도처에 비현실적인 이미지가 널려 있어서 그 영향에서 벗어나기란 쉽지 않지요. 컴퓨터 작업으로 보정한 여성들의 모습과 현실의 내 모습이 다르다는 사실에 기분이 언짢아지는 일이 부지기수입니다. 마치 나 자신이 비정상인 것처럼 느끼게 되는 거예요. 앞서 살펴본 신체 이미지뿐 아니라 자존감 역시 대중 매체가 전하는 메시지로 인해 부정적인 영향을 받을 수 있답니다.

>>친구들이 주는 부정적 영향

혹시 이런 상상해 보셨어요? 엄마가 회사에 출근을 했는데 엄마의 동료들이 "저 여자 정말 못생겼어!"라며 수군거리는 거예요. 어때요? 말도 안 되는 일이지요? 하지만 학교에서는 이런 일이 허다하게 벌어져요. 당하는 사람에게는 자존감이 말살당하는 행위이지요. 그로 인해 여러 가지 고민과 불안에 시달리게 되고요.

미국 마이애미 대학이 실시한 연구에 의하면 남학생 사이에서는 소위 '똑똑한 아이'가 인기도 많고 창의성과 유머가 풍부한 사람으로 인식됩니다. 반면 똑똑한 여학생은 또래 남학생들 사이에서 가장 인기가 없을 뿐 아니라, 따지기 좋아하거나 무뚝뚝하고, 때로 못생긴 사람으로 인식되고 있다고 해요. 그래서일까요? 공부를 잘하는 여학생 중에는 똑똑한 여학생으로 알려져서 좋을 게 없다고 생각하는 학생이 있어요. 정말 어처구니가 없네요. 이런 식의 편견은 이제 내다 버릴 때도 되지 않았나요?

여자는 수학을 못한다고요?

수학은 몇 가지 근사한 직업과 상관관계가 높습니다. 이를테면 비행기 제조, 컴퓨터 프로그래밍, 기후 변화 예측 등에는 수학적 지식이 반드시 필요하지요. 또 의사나 천문학자가 되고 싶다면 수학 공부를 열심히 해야 해요. 그뿐만이 아닙니다. 대기업의 최고 경영자 상당수가 실은 경영학 전공자가 아니라 수학이나 과학 전공자랍니다.

그렇다면 직업 선택의 폭을 넓히려면 어떻게 해야 할까요? '여자애들은 수학에 약해.'라는 편견부터 머릿속에서 지워야겠지요? 더구나 이러한 편견은 현실과 거리가 멀어요. 전 세계 학생들을 대상으로 시행한 한 조사에 의하면 똑같은 기회가 주어졌을 때 여학생 역시 남학생만큼 수학에 두각을 나타내는 것으로 드러났어요. 그러니까 잘못된 속설은 이제 그만 잊으세요.

>> 수학이 왜 중요해요?

피오나 던바는 캐나다 워털루 대학의 수학과 교수예요. 그녀는 중3 학생을 대상으로 '수학에 대해 생각해 봅시다(Think About Math)'라는 이름의 수업을 진행하고 있어요. 피오나 교수는 여학생들이 다음과 같은 몇 가지 사실을 알아 둔다면 더 좋은 수학 점수를 얻을 수 있다고 조언합니다.

1. 수학은 어려운 과목입니다

정말 그렇죠? 정답을 구하는 일이 만만치 않아요. 그런데 수학은 피아노 연주와 상당히 비슷합니다. 처음 보는 악보를 실수 없이 완벽하게 연주할 수 있는 사람은 거의 없어요. 수학도 시간과 노력이 필요하죠.

2. 남에게 도움을 요청하지 마세요

피오나 교수에 따르면 여학생은 남학생에 비해 모르는 문제를 남에게 물어보려고 하는 경향이 있다고 합니다. 물론 길을 몰라서 헤맬 때라면 물어보는 것이 좋습니다. 그러나 수학 문제를 풀 때만큼은 아니에요. "자신의 힘으로 문제를 이해하고 해답을 구함으로써 성취감을 맛보는 게 중요해요."라고 피오나 교수는 조언합니다.

3. 느긋하게 마음먹으세요

문제가 어렵더라도 겁먹을 필요는 없습니다. 수학은 도미노를 설치하는 일과 비슷해요. 한 번 실수로 지금까지의 노력이 전부 허사로 돌아간다는 점에서 비슷하지요. 하지만 풀이 과정을 거슬러 올라가 잘못된 부분을 찾고 거기서부터 다시 도전하면 됩니다. 별로 힘든 일이 아니에요.

4. 수학 시간에 완벽주의자가 될 필요는 없어요

"제가 수업할 때도 늘 느끼는 건데요. 질문을 던지면 남학생은 일단 손부터 들고 봅니다. 그러고는 말도 안 되는 대답을 늘어놓을 때가 있어요. 어쨌든 용기를 내는 거죠. 반면, 여학생은 100퍼센트의 확신이 없이는 절대 손을 들지 않아요."라고 피오나 교수는 말합니다. 수학은 본래 틀릴 수 있는 가능성이 항상 존재하는 과목이에요. 문제는 틀리면서 해결해 가는 거예요. 항상 정답을 맞혀야 한다는 부담감에서 벗어나세요.

» 자신감으로 무장하세요

주변에 널려 있는 편견 어린 메시지들을 비판적 시각으로 바라볼 수 있어야 해요. 비판적 시각을 가지면 여러분을 괴롭히는 편견들이 얼마나 비현실적인지 금방 깨달을 수 있어요. 실제로 존재하지도 않는 환상에 자신을 끼워 맞추려고 애쓸 필요가 없습니다. 혹시 요즘 자신감이 떨어져서 고민하고 있나요? 그렇다면 기억하세요. 자신을 긍정적 시선으로 바라보며 살아가는 여자 친구들은 주변에 얼마든지 있어요. 그 친구들은 내면에 자신만의 고유한 힘을 가지고 있어요. 일반적으로 여학생이 남학생에 비해 더 열심히 배우려고 한대요. 또한 사교성도 뛰어나죠. 학업을 중도에 포기하는 비율도 낮고요. 인생에는 늘 오르막과 내리막이 있기 마련입

운동을 하면 자신감이 붙어요

고등학교에 올라가면 상당수 여학생이 운동을 하지 않습니다. 평소에 운동을 좋아하던 친구도 운동을 그만두지요. 그러나 꾸준히 운동을 해야 하는 이유는 한두 가지가 아니에요. 플로리다 대학에서 실시한 연구에 따르면 운동에 적극적으로 참여하는 여학생일수록 자신의 신체에 대해 더 긍정적이며 자존감도 높다고 합니다. 운동을 하면 여러 가지 삶에 필요한 기술을 배울 수 있고 몸매까지 예뻐져요. 운동을 합시다.

니다. 어려운 일이 생길수록 내가 가진 놀라운 가능성에 더 집중하세요. 분명히 좋은 일이 생길 테니까요.

남자 청소년의 자존감

벌써 7시 23분이네요. 일어날 시간이군요. 더 자고 싶다고요? 하지만 엄마가 가만있을 리 없겠지요. 얼른 일어나라고 소리소리 지르시네요. "버스 놓친다!" "아침도 못 먹고 가겠다!"

그런데 그 순간, 오늘 수학 시험이 있다는 사실이 생각났어요. 깜박 잊고 준비도 못 했는데요. 엎친 데 덮친 격이네요. 어딘가 모르게 찜찜한 이 느낌. 엄마가 나중에 수학 성적표를 보시면 "그래, 이런 성적표를 받은 기분이 어떠니?"라고 반응하실 게 틀림없어요. 맞아요! 그놈의 '기분!'

>> 말로 표현하기

지금 느끼고 있는 감정이 어떤 감정인지 잘 모르겠다고요? 내가 느끼는 감정의 정체(그것이 흥분인지, 걱정인지 아니면 분노인지)는 정확히 알지만 친구들에게 솔직히 표현했다가 놀림을 당할까 두렵다고요? 걱정하지 마세요. 나만 그런 고민을 하는 게 아니랍니다. 상당수 남자 청소년이 같은 고민에 빠져 있어요. 왜 그럴까요? 우리 주위를 떠돌아다니는 수많은 편견 중에는 다음과 같은 것들이 있기 때문이에요.

- 남자는 아무리 슬퍼도 울지 않는다(단, 화를 내는 건 괜찮다. 그건 남자다운 거니까).
- 남자는 겁을 내거나 남에게 도움을 청하지 않는다.
- 남자는 똑똑해야 한다. 그런데 너무 똑똑해도 문제다.
- '감정 기복'은 여자한테나 어울리는 단어다.
- 모든 남자는 운동을 좋아한다.
- 남자들끼리의 문제는 주먹다짐이 최선의 해결책이다.

앞에 예로 든 항목을 제외하고도 세상에는 훨씬 다양한 편견이 존재합니다. 불행히도 상당수 교사와 학부모, 또래 친구까지 그러한 편견을 사실로 믿고 있어요. 당사자인 남자 청소년이 실제로 느끼고 행동하는 것과는 상당히 동떨어져 있는데도 말이에요. 이러한 편견은 대부분 '남자란 모름지기 ~해야 한다.'라는 낡아빠진 구시대적 발상을 전제로 깔고 있어요.

편견은 하나같이 거짓투성이입니다. 인간은 남녀를 불문하고 누구나 때로는 슬픔을 느껴요. 누구에게나 때때로 삶은 불공평합니다. 살아가는 일은 만만치 않지요. 키우던 애완견이 죽기도 하고, 정든 친구가 먼 곳으로 이사를 갈 수도 있는 거예요. 심지어 부모님이 이혼하기도 하고요. 이 같은 엄청난 상황에서 아무런 감정도 느끼지 못한다면 그게 오히려 이상한 일이지요.

편견이 뭐예요?

편견이란 어떤 특정 그룹의 사람은 특정한 방식으로만 행동한다고 믿는 것입니다. 자존감 도둑의 상당수가 편견에 뿌리를 두고 있어요.

남자 청소년은 왜 감정 표현에 서툰 걸까요?

어린아이였을 때를 떠올려 봅시다. 아마도 그 시절엔 자신의 감정을 표현하기가 훨씬 쉬웠을 거예요. 엄마 품으로 다가가 안아 달라고도 하고, 생일날 받은 헬륨 풍선이 날아가 버렸을 때는 엉엉 소리 내어 울기도 했지요. 그러던 어느 날 이런 일이 벌어집니다.

- 꽁꽁 언 학교 운동장 바닥에 아이가 넘어져서 울고 있어요. 그런데 친구가 그 모습을 놀려 대기 시작해요. 그 즉시 '나도 이런 꼴을 당하지 않으려면 절대 우는 모습을 보이면 안 되겠구나.'라고 결심하게 되지요.
- 어느 날 삼촌과 산으로 캠핑을 떠났어요. 그날 밤, 어둠이 무섭다고 하자 삼촌이 한마디합니다. "남자답지 못하게 무슨 소리야."
- 좋아하는 액션 영화에 등장하는 영웅들도 영향을 주었지요. 영화에 등장하는 영웅은 앞일을 걱정하거나 감정을 드러내는 법이 없으니까요. 외계 생명체가 목숨을 위협하는 상황에서도 영웅들은 그저 입술을 굳게 다물고 있을 뿐이지요.

>> 감정 표현에 서툰 데는 다른 이유도 있어요

앞서 살펴본 것보다 더 조용하게 스며드는 편견도 있습니다. 조지아 주에 위치한 에모리 대학의 연구팀은 3살짜리 자녀를 둔 부모들을 관찰했어요. 부모들은 자녀와 대화할 때 감정에 관한 단어를 어떻게 사용하는지 집중적으로 조사했습니다. 그런데 재미있게도 딸을 가진 부모가 아들을 가진 부모보다 감정과 관련된 단어를 더 많이 사용한다는 사실을 알게 되었지요. 특히 딸아이가 슬픈 일을 겪고 있을 때 슬픈 감정을 표현하는 단어를 더 많이 사용했어요. 연구팀은 실험을 통해 남자 어린이나 10대 남자 청소년이 감정 표현에 필요한 어휘를 충분히 들으며 자라지 못한다는 사실을 밝혀냈어요.

이런 환경에서 자라나 사춘기에 접어든 상당수 남자 청소년은 말도 안 되는 편견으로 인해 자신의 삶을 더 힘겹게 느낍니다. 멋모르고 친구와 포옹을 하거나 등굣길에 부모님과 함께 걷기라도 했다가는 십중팔구 '계집애 같이'라는 수식어가 따라다니게 되니까요. 그래서 남자 친구들은 놀림을 당하느니 차라리 아무 감정도 못 느끼는 척, 터프 가이 행세를 하는 편이 더 속 편하다고 결론 내리지요.

>> 터프 가이

실제로 터프하지도 않으면서 터프 가이인 척하는 것은 진정한 문제 해결책이 아닙니다. 얼마 가지 않아 지치게 될 테니까요. 또한 자기 본연의 모습만 점점 잃어버리게 하지요. 타인과 정서적으로 공감하는 일에 두려움을 느낄 필요는 없습니다. 남자끼리 포옹하는 것에 대해 어떻게 생각하나요? 혹시 텔레비전 스포츠 중계를 자주 보나요? 그렇다면 분명 운동선수들이 포옹하는 장면을 여러 차례 봤을 거예요. 경기에 몰입하는 순간, 선수들은 서로를 자랑스러워합니다. 자연스럽게 서로에게 다가가 등을 토닥이고 껴안고 하잖아요. 얼마나 기분 좋고 인간적인 경험인가요. 게다가 편견을 깨고 남과 다르게 행동하는 일은 자신의 용기와 강인함을 드러내는 일이기도 하고요. 그러니까 제발 마음껏 포옹하며 사세요!

>> 편견의 무게가 너무 무거워요

문제의 핵심은 우리가 대중 매체나 학교, 가정에서 경험하는 편견이 주로 겉모습에만 초점을 맞춘다는 점입니다. 여자는 이래야 하고, 남자는 저래야 하고, 키가 작은 사람은 어떻고, 뚱뚱한 사람은 또 어떻고. 대체 말이 되나요? 이러한 현실에 대해 어떻게 생각하나요?

- 오늘 체육 시간에 팔을 다쳐서 울었는데 창피했나요?

  아니, 아니죠. 그런 일로 창피해하다니!
- 남이 날 좋아하게 만들려면 얼굴이 예뻐야 한다고 생각해요?

  이런, 맙소사! 생각을 바꾸세요.

로마에서는 로마법을 따르라?

이탈리아나 이스라엘을 비롯한 많은 나라에서 남성 사이의 스킨십은 전혀 이상한 일이 아닙니다. 친구끼리 진심을 담은 긴 포옹을 하는 모습은 흔한 풍경이에요. 레바논에 사는 사미르 칼라프 교수는 《뉴욕 타임스 *New York Times*》와의 인터뷰에서 기자의 손을 꼭 잡으며 이런 말을 했어요. "이것은 친근감과 신뢰의 표현입니다."

그동안 잃어버렸던 자존감을 회복하고 나답게 행동하기 위해서 다음과 같은 조언을 실천에 옮겨 보는 것은 어떨까요?

- **새로운 일에 도전하세요** 악기 한 가지를 배워 보고 싶었다고요? 부모님께 말씀드려서 레슨을 받으세요. 형편이 여의치 않다면 유튜브(YouTube)를 검색해 보세요. 수준급의 온라인 레슨 동영상을 찾을 수 있습니다. 이제 좁은 울타리를 박차고 나오세요. 두려움과 소외감을 떨쳐 내는 연습을 해야 합니다. 더욱이 악기 하나를 연주할 수 있다면 정말 멋지지 않을까요?
- **목표를 설정하세요** 목표를 세우고 그 목표를 이루기 위해 노력해 보세요. 5킬로미터 달리기를 목표로 정해 두고 몇 달간 연습해 보세요. 결승선을 통과할 때의 기분은 경험해 본 사람만 알 수 있습니다.
- **쉽게 포기하지 마세요** 지난번 시험에서 60점을 받았다고 합시다. 그것은 더 열심히 공부해야 한다, 혹은 다른 사람에게 도움을 요청해야 한다는 의미일 뿐이에요. 세상이 무너질 일은 아닙니다. 공부 잘하는 우등생이 반드시 미래에 아인슈타인처럼 성공한다는 보장은 없어요. 몇몇 연구에 따르면, 쉽게 포기하는 학생보다 장애물에 부딪혔을 때 중단하지 않고 노력하는 학생일수록 성공할 확률이 높다고 해요. 사실 공부가 쉽다고 생각하는 사람도 있고, 남보다 두 배 더 노력해야 하는 사람도 있지요. 하지만 이런 능력이 성공을 결정짓지는 않아요.

- **어떤 사람이 되고 싶은지 선택하세요** "자기 본연의 모습대로 살아가세요."라는 말은 하고 싶지 않습니다. 그동안 수도 없이 들은 이야기일 거예요. 그 말이 도움이 되던가요? 만약 우리 모두가 자신의 모습에 충분히 만족하며 살 수 있다면 낮은 자존감 때문에 고통받는 사람은 없을 거예요. 우리는 어느 정도 다른 사람과 자신을 비교하며 살 수밖에 없어요. 그렇다면 현명한 선택을 해야 해요. 기왕이면 함께 있을 때 자신감을 유지할 수 있고 즐거운 기분을 전해 주는 사람과 함께 하세요. 함께 있을 때 왠지 움츠러들고 나를 부족한 사람으로 느끼게 만드는 사람은 피하는 게 좋겠죠?

생각해 봅시다!

Q 자신을 가장 잘 나타내는 단어를 세 가지만 말해 보세요. 그 단어는 긍정적인 말인가요, 아니면 부정적인 말인가요? 왜 그 단어를 선택했는지 그 이유도 말해 보세요

조금 전까지도 인생이 핑크빛이더니 1초도 지나지 않아 슬프고 화나고 짜증나는 기분이 돼요. 벌써 눈치챘는지 모르겠지만, 사춘기에 감정은 롤러코스터를 타듯 오르락내리락합니다. 사춘기에는 신체 변화와 함께 여러분의 사고와 감정에도 많은 변화가 찾아오지요.

PART 4

호르몬과 뇌가 내 감정을 조절한다고요?

반갑다, 뇌야! 롤러코스터는 놀이공원에만 있는 게 아니에요

5분 전까지만 해도 기분이 미칠 듯이 좋았어요. 깜박하고 공부를 안 했는데 과학 시험에서 90점을 맞았거든요. 게다가 서먹하던 친구와 화해도 했어요. 오늘따라 체육 선생님은 왜 그리 친절하실까요?

어? 그런데 지금 이 기분은 뭘까요? 갑자기 화가 나요. 아니 화가 난다는 표현으로는 부족해요. 거의 폭발 직전이에요. '도대체 우리 엄마는 왜 사사건건 내 인생을 엉망으로 만드는 거야?'

좋아요. 여기까지만 합시다. 여러분도 이런 경험이 있나요? 조금 전까지도 인생이 핑크빛이더니 1초도 지나지 않아 슬프고 화나고 짜증나는 기분이 되는 경험이요. 벌써 눈치챘는지 모르겠지만, 사춘기에 감정은 롤러코스터를 타듯 오르락내리락합니다. 사춘기에는 신체 변화와 함께 사고와 감정에도 많은 변화가 찾아오지요.

그렇다면 왜 이러한 변화가 일어날까요? 과거에는 모든 문제를 호르몬의 탓으로 돌리는 전문가가 많았습니다. 사춘기가 되면 호르몬 분비가 급증하면서 명확한 사고를 할 수 없게 된다고 생각했지요.

하지만 이 모든 일이 호르몬만의 탓은 아닙니다. 호르몬보다는 뇌에서 일어나는 변화가 감정과 행동에 더 많은 영향을 끼쳐요. 자, 그렇다면 지금부터 감정-뇌-호르몬 사이의 상관관계에 대해 살펴볼게요. 준비되셨지요? 그럼 시작합니다.

호르몬? 뇌? 아니면 둘 다?

오랜 세월 과학자들은 인간의 뇌는 12세가 되면 완전히 성장한다고 믿었어요. 뇌가 완전한 크기로 자라서 어른처럼 사고할 수 있는 능력을 갖춘다고 여겼지요. 하지만 자기 공명 영상법(MRI, 뇌활동을 추적하는 커다란 기계랍니다)이 등장하여 뇌 속을 자세히 볼 수 있게 되면서 새로운 사실이 밝혀졌어요. 12세의 뇌는 성인의 뇌와 전혀 다른 모습이고, 인간의 뇌는 25세가 될 때까지 계속해서 성장한다는 사실이 드러났지요.

여자는 11세, 남자는 12세 무렵에 의미 있는 뇌 발달이 일어난다고 해요. 흥미로운 사실은 이 나이 때의 아이들에게 흔히 일종의 학습 장애가 일어난다고 해요. 학자들은 뇌의 급격한 변화가 그 원인이라고 추측하고 있지요.

충격적인 사실

몇 년 전 뉴욕의 한 연구팀이 쥐를 이용한 복잡한 실험을 선보였습니다. 실험에

잠깐! 아이들의 뇌는 얼마나 작아요?

6세 어린이의 뇌는 성인의 뇌 크기의 약 90~95퍼센트까지 성장한다고 해요. 태어날 때부터 우리는 충분한 양의 뉴런(Neuron, 신경 세포)을 가지고 태어나는 것이지요.

사용된 쥐들은 바닥에 깔린 이동식 패널을 피해 목표 지점까지 도달해야 했어요. 이동식 패널은 밟을 때마다 가벼운 충격을 주도록 만들어진 장치였지요(염려 마세요. 쥐가 다칠 정도는 아니고 약간의 스트레스만 받도록 만든 장치였으니까요).

쥐들이 패널을 피해 목표 지점까지 도달하는 법을 익히는 데는 약간의 시간이 필요했습니다. 그래도 사춘기가 아닌 어린 쥐는 이 과업을 재빨리 완수했어요. 나이 든 쥐도 마찬가지였고요. 그런데 사춘기에 해당하는 쥐는 어땠을까요? 말도 마세요. 거의 구제불능이었어요.

학자들은 사춘기의 쥐들에게서 일시적인 학습 장애가 일어난다고 주장합니다. '해마'라 불리는 뇌의 한 부분에서 일어나는 화학적 변화 때문에 생기는 현상이지요. 쥐는 태어난 지 5주째에 접어들면 사춘기를 맞이하게 되는데 이때 학습에 어려움을 겪게 됩니다.

>> 하지만 우리는 쥐가 아니에요

알아요. 쥐와 비교하다니 너무하다 싶은가요? 하지만 이 현상은 쥐에게만 나타나는 것이 아닙니다. 사람도 쥐의 경우와 비슷합니다. 사춘기 청소년은 숙제를 하기 위해 일정을 짜거나 비디오 게임을 하고 싶은 욕구를 억제하는 일에 어려움을 호소해요. 뇌의 전전두엽이 아직 미숙하기 때문이지요. 전전두엽은 해야 할 일을 결정하고 생각을 정리하는 역할을 하거든요.

성인이라면 자기가 해야 할 일을 기억하고 수행하는 데 별 어려움을 못 느껴요. 이를테면 '마트 가기, 우유 사기, 학교에서 아이들 데려오기, 축구 연습에 데려다 주기, 저녁 준비하기' 같은 일들을 차례차례 해결할 수 있어요. 그러나 사춘기 청소년은 여러 가지 일을 단계적으로 해결하는 일에 서툽니다.

» 우리는 아직 어려요!

아침에 엄마가 한 가지 부탁을 하셨어요. "피아노 연습 끝내고 쓰레기 좀 버려라." 그런데 깜박하고 쓰레기를 안 버렸네요. 이제부터는 엄마가 이런 일로 화를 내시거든 당당히 말하세요. "저도 어쩔 수 없어요. 이게 전부 뇌 탓이니까요."라고요. 연달아 두 가지 과업을 완수하는 일이 얼마나 힘겨운지 가끔은 설득할 필요도 있어요.

표정 읽기

사춘기 뇌의 신비를 풀기 위한 다른 실험도 있었습니다. 몇 년 전 하버드 대학의 한 신경 심리학자(인간의 행동과 뇌의 작동 방식 간의 상관관계를 연구하는 학자지요)가 주도한 유명한 실험이에요. 우선 10대와 성인을 대상으로 사람의 얼굴 사진을 여러 장 보여 줬어요. 그런 뒤 사진에 등장하는 사람들의 표정에 대해 물어봤지요. "행복해 보이나요? 슬퍼 보이나요? 두려운 표정인가요? 화난 것 같나요?"

그런데 결과가 어땠을까요? 성인 응답자는 전원 정답을 맞혔어요. 하지만 두려운 표정의 사진을 제시하자 16세 미만의 청소년들은 갈팡질팡했지요. 상당수 청소년이 두려운 표정을 '화난', '혼란스러운', '슬픈' 표정과 혼동했어요. 이 실험을 통해 사춘기 청소년에게는 표정에서 감정을 정확히 읽어 내는 것이 쉽지 않은 일이라는 사실이 드러났지요.

수학 시간에 오답을 말했어요

순간 선생님이 나를 향해 못마땅한 표정을 지으시는 것 같았어요. 하지만 이제부터는 다시 한 번 자신에게 물어봐야겠어요. 나 때문이 아니라 다른 일로 기분이 안 좋으실 수도 있잖아요? 내가 선생님의 표정을 잘못 읽어 내고 있을지도 모르니까요. 물론 아닐 수도 있지만요.

사춘기에는 뇌도 자랍니다

그러면 사춘기의 뇌를 좀 더 자세히 들여다봅시다.

무언가 새로운 것을 배울 때 힘이 드나요? 네.

남의 표정을 100퍼센트 확실하게 읽어 내지 못해요? 네.

>> 그런데 이 정도는 시작에 불과해요

사춘기의 뇌는 '보상'을 쫓도록 설계되어 있어요. 예를 들어 볼까요? 갑자기 탄산음료를 마시고 싶어졌다고 칩시다. 일단 그 생각이 머릿속에 들어온 이상 여러분은 그 욕구를 해소하기 위해 무슨 짓이든 하려고 들 거예요. 보상이 꼭 음료수가 아니어도 마찬가지에요. 애정, 잠, 친구와 노는 일 등 다양하겠지요. 그런데 때로는 우리가 '갈망'하는 보상이 우리 몸에 해로울 수도 있어요. 이 이야기를 더 자세히 하기 전에 우선 쥐 실험을 다시 한 번 살펴보고 갑시다.

지금 기분이 어때요?

아주 좋거나 아니면 너무 싫거나

사춘기가 되면 '적당히'가 사라집니다. 정말 좋거나, 죽도록 싫거나 둘 중 하나예요. 그것도 아주 눈 깜빡할 사이에 천당과 지옥을 오락가락하지요.

사람에 대해서도 마찬가지예요

가족, 선생님, 친구에 대한 감정 변화도 격해집니다. 불과 5분 전만 해도 여동생과 카드놀이를 하며 미친 듯이 깔깔댔어요. 하지만 지금은 소리를 지르며 싸우고 있네요. 결국 할머니가 중재에 나선 뒤에야 싸움을 그만두지요.

내 몸이 신경 쓰여요

몸이 급격히 변하는 상황에 대해 자꾸 신경이 쓰이고 예민해집니다. 반대로 기대만큼 빨리 변하지 않아 안달이 나는 경우도 있지요.

좋아하는 이성 친구가 있어요

같은 반 어떤 아이가 쳐다볼 때마다 가슴이 심하게 콩닥거려요. 이런 느낌은 난생 처음이에요. 무척 설레지요 (자세한 얘기는 PART7에서 해요).

기분이 정말 엉망이에요

이번에 농구팀 선발에서 탈락했어요. 작년까지만 해도 아무렇지 않게 넘겼던 일인데 올해는 기분이 좀 달라요. 너무 당황스럽고 화도 나고 우울하기까지 해요. 도대체 왜 그럴까요?

제정신이 아닌 것 같아요

가만히 있지를 못하겠어요. 무언가 대단한 도전을 하고 싶어요. 이를테면 집 근처에서 제일 높은 눈썰매장에 달려가 멋지게 활강하고 싶어요. 새벽에 몰래 집에서 빠져나와 이웃집 창문에 달걀을 던지고 싶어요. 붙잡힐지 모른다는 스릴을 만끽할 수 있잖아요?

>> 우유만 먹을 수 있다면

몇 년 전, 사춘기 쥐를 대상으로 한 가지 실험을 했습니다. 이 실험에서 앞서 말한 '보상'과 '갈망'의 연관성이 입증되었어요. 우선 다양한 연령대의 쥐에게 레버를 누르면 우유를 한 모금씩 먹을 수 있는 장치를 제공했지요. 그런데 사춘기 쥐는 어떻게 했을까요? 다른 어느 연령대의 쥐보다 열심히 레버를 눌러 댔어요. 이 실험에 관한 기사는《디스커버 매거진*Discover Magazine*》에 실렸지요. 디스커버 매거진은 한마디로 이렇게 결론 지었죠. "사춘기의 쥐야말로 우유의 가치를 누구보다 잘 알고 있었다."

>> 쥐가 우유를 좋아하긴 하지요

그런데 이 실험 결과와 여러분의 뇌가 도대체 무슨 관련이 있는 것일까요? 아주 많이 관련되어 있답니다. 신경학자(뇌를 연구하는 전문가예요)들이 또 다른 실험을 진행했어요. 이 실험의 내용은 실험 참가자가 MRI 스캔을 받는 동안 사람들의 얼굴 사진을 보여 주고 반응을 살피는 것이었어요. 학자들은 이번 실험에서는 뭔가 특별한 결과가 나올 것이라 기대했죠.

실험에 참가한 6세에서 29세까지의 참가자는 차분한 표정의 사진을 보면 버튼을 누르고 행복한 표정의 사진을 보면 버튼을 누르지 않아야 했습니다. 그런데 실험 결과를 살피던 신경학자들이 10대 청소년들의 반응이 좀 이상하다는 사실을 알아챘어요. 어린이나 성인에 비해 오답 비율이 훨씬 높았거든요.

>> 왜 이런 거죠?

이쯤 되면 '우리가 좀 덜떨어졌나?'라고 느낄지도 모르겠어요. 하지만 그렇지 않아요. 단지 사춘기의 뇌는 보상과 대면하면 충동을 억제하기가 힘든 것뿐이에요. 이 실험의 경우는 '행복한 표정'이 바로 보상인데 10대들의 뇌는 '행복한 표정'이 아주 멋지다고 인식한 것이지요. 다시 말해서 10대들은 행복한 표정이 너무 좋은 나머지, 누르면 안 되는 줄 알면서도 반사적으로 버튼을 누른 셈이에요.

위 실험에 참가한 청소년들의 뇌 MRI 영상을 분석한 결과, 재미있는 사실이 드러났어요. 뇌의 일부분인 배쪽선조가 크게 부푸는 양상을 보인 그룹은 10대들이 모인 그룹이 유일했습니다. 배쪽선조는 기대감과 성취감에 영향을 주는 뇌의 영역이지요. 바로 배쪽선조의 영향으로 행복한 표정의 사진을 접한 10대의 뇌가 흥분했던 거예요. 그런데 참 이상한 일입니다. 자극에 대한 반응을 통제하는 역할을 했어야 할 전전두엽은 그 사이 뭘 하고 있었을까요? 전전두엽이 제대로 작동했다면 쉽게 버튼을 누르진 않았을 텐데 말이지요. 안타깝게도 전전두엽은 성장 속도가 매우 느립니다. 10대의 급격한 흥분 상태를 가라앉힐 만큼 충분히 성숙하지 못한 것이지요.

상황이 이렇다 보니 10대의 뇌는 이러지도 저러지도 못해요. 실험실의 쥐들처럼 사춘기 청소년 역시 보상을 향한 커다란 갈망을 가지고 있어요. 하지만 이러한 갈망을 적절하고 안전한 방식으로 추구하는 데 필요한 통제력은 턱없이 부족하지요.

부릉부릉 호르몬이 달려갑니다

지금까지 우리가 주로 '뇌'에 초점을 맞췄다고 해서 호르몬이 중요하지 않다는 뜻은 아닙니다. 호르몬 역시 무시할 수 없는 존재지요. 뇌에 변화가 시작될 즈음 난소(여자라면)에서는 에스트로겐이, 고환(남자라면)에서는 테스토스테론이 만들어져 혈액에 공급됩니다. 그러면 몸에 털이 나고 여드름이 생기기 시작하죠.

이러한 변화가 일어나는 동안 다른 성호르몬 역시 활발히 분비됩니다. 최근의 연구에 따르면 성 호르몬들은 뇌에도 영향을 끼칩니다. 성 호르몬은 감정 기복이나 흥분감과 많은 관련이 있다고 해요. 밤 11시가 다 되었는데도 볼륨을 최대치로 키운 채 음악을 트는 사람이 있나요? 청소년기에 충동적인 행동을 하는 것은 대개 성 호르몬이 작용한 결과입니다.

그럼 혹시 이러한 공식도 성립될까요?

사춘기의 뇌 + 새로운 호르몬 = 다 함께 미쳐 봅시다!

>> 스릴 없인 못 살아!

놀이공원에 왔다고 상상해 볼까요? 꼬마용 놀이 기구, 여러 가지 게임들, 높고 스릴 넘치는 롤러코스터까지 없는 것이 없습니다. 자, 이제 그 무시무시한 롤러코스터를 타려고 줄을 선 사람들을 한번 둘러보세요. 나이 든 어른인가요? 글쎄요. 몇 명 안 되는데요. 그럼 어린아이들? 그럴 리 없겠지요. 가만히 보니 롤러코스터를 타는 사람은 사춘기를 앞둔 아이들과 10대 청소년, 20대 초반이 주를 이루는군요. 장장 25미터 아래로 뚝 떨어지는 그 아찔한 순간을 즐기려고 아주 길게도 줄을 섰네요.

>> 왜 이러는 걸까요?

전문가에 따르면 10대의 뇌는 '스피드에 대한 갈망'을 느낀다고 해요. 10대 청소년이 스피드를 갈망하는 이유는 청소년의 뇌가 호르몬의 영향으로 인해 극도의 흥분 상태를 원하기 때문이에요. 일종의 호르몬 중독 상태이지요. 그래서 어떤 일이 벌어질까요? 뇌는 "흥분 상태를 즐길 수 있는 상황을 찾아 밖으로 나가라."는 신호를 보냅니다.

뇌에서 신호를 받았더라도 대체로 청소년들은 그다지 위험하지 않은 행동을 합니다. 공포 영화를 보거나, 사탕을 잔뜩 먹거나, 미친 듯이 춤을 추거나, 친구들과 밤을 지새우며 깔깔대겠지요. 그런 일들은 오히려 기분 전환이 될 수 있어요.

하지만 일부 청소년은 거기에서 그치지 않고 오토바이 경주나 약물 남용, 그 외에 부모들이 말리는 여러 가지 위험한 행동을 하기도 해요. 이러한 무모함에 제동

공중제비를 하고 나면 얼굴이 더 멋져 보여요

롤러코스터가 주는 흥분은 숨 막히는 공중 회전과 빠른 활강에서 끝나지 않아요. 롤러코스터를 타면 처음 만나는 사람에게 훨씬 더 로맨틱한 모습으로 보일 수 있다고 해요.
2008년에 발표된 재미있는 연구가 하나 있어요. 롤러코스터를 타기 직전과 타고 난 직후의 사람들 사진을 실험 참가자에게 보여 주었어요. 그러자 사람들이 롤러코스터를 타고 난 직후의 사진이 더 예뻐(혹은 잘생겨) 보이고, 데이트 하고 싶은 마음이 든다고 응답했다고 합니다. 이런 현상을 일컫는 과학 용어가 있냐고요? 글쎄요. '롤러코스터 변신 효과'가 어떨까요?

을 걸어야 할 뇌의 영역이 아직 제구실을 못하기 때문에 사춘기 청소년은 계속해서 욕망을 좇아 움직입니다.

>> 통제할 수 있어요!

이것 하나만 기억하세요. 나의 생각과 행동을 모두 과학적으로 설명할 수는 없습니다. 과학으로 청소년의 모든 행동을 분석할 수 있다는 주장은 순전히 억지에 불과해요. 우리의 행동 방식은 여전히 풀리지 않는 수수께끼로 가득합니다. 인간의 감정은 부모나 형제, 친구와의 관계에서 큰 영향을 받지요. 나의 성격 역시 마찬가지예요. 다음번에 친구와 함께 얄미운 이웃집에 달걀을 투척하러 가고 싶다는 생각이 들 때는 '지금 내 안에서 무슨 일이 벌어지는 거지?'라는 질문을 한 번만 던져 보세요. 우리가 지금까지 이야기한 부분을 떠올린다면 한 발 뒤로 물러서서 이렇게 말하게 될 거예요. "이 달걀은 그냥 냉장고에 도로 가져다 두는 게 낫겠다."

친구가 영향을 끼쳐요

몇 년 전 한 심리학 교수가 한 무리의 10대를 모아 놓고 운전 게임을 하도록 했어요. 처음에는 참가자 한 사람씩 단독으로 게임을 하게 했는데 이때 청소년들은 대체로 경기 규칙을 잘 지켰습니다. 하지만 친구와 함께 게임을 하도록 하자 노란불이 들어왔는데도 속도를 늦추지 않았어요. 아마도 이들의 뇌가 "더 큰 보상을 얻어야 해!"라고 속삭였겠지요. 전문가에 따르면 친구와 함께 있을 때는 과시욕이 강하게 발동하며 그 친구가 나에게 보이는 반응 자체가 커다란 보상이 될 수 있다고 해요. 그렇다면 이렇게 결론지을 수 있을까요?

① 혼자 있을 때보다 친구와 함께 있을 때 위험한 일을 감행할 확률이 더 높다.
② 사춘기 동안 벌어지는 뇌의 변화가 문제의 주범이다

달걀 투척 직전, 뇌 상태는 아마 이럴 거예요.

- 나는 보상을 원해.
- 자기 조절을 하기가 힘들어.
- 스릴 만점인 재미있는 일이 어디 없나 찾고 있어.
- 친구와 함께 있으면 위험한 일을 하고 싶어져.

이럴 때는 다시 한 번 자기 행동에 대해 고민해 보세요. 그렇게 한다면 분명히 현명한 결정을 내릴 수 있을 거예요. 그 귀한 달걀을 왜 낭비해요? 토스트와 함께 먹으면 얼마나 맛있는데요.

남자 청소년의 사고 절정기

여자 청소년의 경우에는 사춘기가 시작되고 있다는 사실을 알아차리기가 비교적 쉽습니다. 겉으로 보이는 뚜렷한 징후들이 나타나니까요. 하지만 남자 청소년의 경우에는 언제 사춘기가 시작되었는지 가늠하기가 어렵지요. 그런데 사춘기 남자 청소년의 초기 상태를 연구해 온 조슈아 골드스타인에 따르면 남자 청소년의 사춘기를 알아차리는 일이 생각보다 어렵지 않을 수도 있다고 합니다. 제대로 된 지식만 가지고 있다면 상당히 확실한 징표를 발견할 수 있다고 해요.

여자 청소년이라면 가슴의 멍울이라든지 월경이 언제 시작되었느냐가 사춘기의 기준점이 될 수 있어요. 그런데 남자 청소년은 이른바 '사고 절정기(Accident hump)'를 사춘기의 시작점으로 볼 수 있다고 합니다. 최소한 골드스타인에 따르면 그래요.

일리가 있는 주장입니다. 사춘기가 되면 남자 청소년은 엉뚱한 짓을 시작하니까요. 상당히 위험한 문제 행동으로 병원 신세를 지기도 하죠. 위험한 행동은 성장 호르몬의 양이 늘어나는 시점에 증가합니다. 따라서 10대 남자 청소년이 저지르는 사건의 빈도를 눈여겨보면 언제 사춘기가 찾아왔는지 짐작할 수 있어요.

그런데 사고 절정기가 찾아오는 연령이 점점 어려지고 있다고 합니다. 18세기 중반 이후 매 10년마다 평균 두 달 반씩 빨라지고 있다고 해요. 이런 추세라면 갓난아기가 부모의 자동차 열쇠를 훔쳐 차를 몰고 나오는 날이 올 수도 있겠네요. 그 전에 서둘러 해결책을 찾아봐야겠어요.

나의 뇌는 멋져요!

현재 전 세계적으로 10대의 뇌를 주제로 활발한 연구가 진행되고 있어요. 10대의 뇌는 세계인이 주목하는 관심 분야가 되었지요. 수많은 잡지사가 머릿속에서 벌어지는 일에 관한 특집 기사를 올리는가 하면 신문, 웹사이트, 라디오와 TV 역시 이 주제를 놓고 열띤 토론을 벌여요. 그런데 10대의 뇌 연구에는 한 가지 공통점이 있습니다. 바로 우리 인간 행동과 감정의 신비를 풀어내겠다는 목표예요. 뇌에 대한 연구가 인간의 행동의 수수께끼를 풀어내는 토대를 마련해 줄 거라고 모두가 기대하는 상황이지요. 흥미롭지요?

생각해 봅시다!

언제 처음으로 생각이란 것을 시작했나요? 기억나나요?

사람은 누구나 행복, 슬픔, 분노, 근심 등 다양한 감정을 경험하며 살아요 감정은 내가 지금 어떤 생각을 하고 있는지 알 수 있는 단서가 되지요. 사춘기가 되면 우리는 강력한 감정의 소용돌이에 휘말리게 됩니다. 마음속에서 벌어지는 일들에 대해 전보다 잘 이해하게 되면서 자주 혼란스러워지는 것이지요.

PART 5

나도 내 **기분**을 모르겠어요

감정에 대한 진실
우울함을 극복하고 감정을 조절하는 방법을 배워 보아요

아래에 두 가지 선택지가 있어요. 그중에서 나를 행복하게 해 줄 가치를 골라야 합니다. 둘 중에 반드시 하나를 골라야 한다면 어떤 선택지를 고르겠어요?

선택지1 100억 원, 유명 연예인, 수영장이 딸린 저택, 좋아하는 사탕 한 바구니

선택지2 창의성, 사랑하고 사랑받는 능력, 감사하는 마음, 희망

고급 저택의 수영장에 발을 담근 채 맛있는 사탕을 실컷 먹을 수 있다면 얼마나 신이 날까요? 처음 며칠간은 정말 행복할 거예요. 하지만 더 오래 행복하기를 원한다면 선택지 2에 속한 가치가 필요하겠지요? 긍정 심리학을 연구하는 학자들에 따르면 사랑하는 사람들과 많은 시간을 보내는 사람은 그렇지 못한 사람보다 인생을 더 활기차게 살아간다고 해요. 좋은 인간관계를 맺는 사람들은 역경이 닥쳐올 때조차도 긍정적인 힘을 내지요.

감정을 잘 다스리세요

만약 감정을 느끼지 못하게 된다면 어떤 일이 벌어질까요? 사람은 누구나 행복, 슬픔, 분노, 근심 등 다양한 감정을 경험하며 살아요. 감정은 내가 지금 어떤 생각을 하고 있는지 알 수 있는 단서가 되지요.

사춘기가 되면 우리는 강력한 감정의 소용돌이에 휘말리게 됩니다. 마음속에서 벌어지는 일들에 대해 전보다 잘 이해하게 되면서 자주 혼란스러워지는 것이지요. 그렇지만 나의 감정에 대해 정확히 이해하는 일은 중요합니다. 특히 우울증을 극복하는 데 큰 도움이 되지요. 내 감정의 실체가 무엇인지도 모르는데 무슨 수로 우울한 감정에서 벗어날 수 있겠어요? 가족이나 친구에게 버럭 화를 내는 일만 반복되겠지요. 그런데 정작 자신의 속마음을 잘 모르겠다고요?

마음속 감정 가방을 열어 볼까요?

우리는 누구나 자신만의 감정 가방을 하나씩 들고 다닙니다. 어떤 날은 감정 가방의 무게가 정말 무겁게 느껴져요. 그 안에 온갖 것이 들어 있으니 그럴 수밖에요.

두려움

뱃속이 울렁울렁한 그 느낌 아시죠? 그게 바로 두려움이란 녀석이에요. 두려움은 일단 생겨나면 몸 전체가 반응하기 시작하지요. 우선 심장박동이 거세지고 땀이 납니다. 때로는 목 언저리가 찌릿한 느낌도 들고요. 어떤 사람은 '불안'과 '두려움'을 혼동하지만 사실 불안이란 어떤 구체적인 일에 대해 걱정하는 상태를 말합니다. 예를 들어 농구 경기에서 득점 기회를 놓칠까 봐 혹은 학교 성적이 잘 나오지 않을까 봐 걱정하는 것이 불안이지요. 반면 두려움은 이보다 더 넓고 강렬한 감정입니다. 어떤 사람이 느끼는 두려움의 대상이 무엇인지 알아낸다면 우리는 그것을 통해 그 사람이 가장 중요하게 생각하는 가치가 무엇인지 알아낼 수 있어요.

분노

분노를 느끼면 제일 먼저 어깨 언저리 부근이 긴장되면서 서서히 목과 턱이 굳는 느낌이 들어요. 하지만 실제로는 분노 때문이 아니라 몸 전체가 긴장해서 일어나는 증상이지요. 분노라는 감정이 꼭 나쁘기만 할까요? 그렇지 않습니다. 부당한 일에 대해 반대나 거절의 의사 표시를 해야 할 때 분노를 적절히 사용하면 효과적이지요. 우리 사회에서는 분노를 표출하는 행동을 잘못이라고 가르칩니다. 그래서 마음속 깊은 곳에 분노를 쌓아 두는 사람이 많지요. 문제는 분노를 참다 보면 언젠가는 견딜 수 없는 지경에 이르게 된다는 점입니다. 쌓여 있던 분노가 대규모 화산 폭발이 되어 모두를 불행하게 만드는 일도 흔하게 일어나지요.

슬픔

죽어 가는 애완견에게 마지막 인사를 해야 할 순간입니다. 마음을 나누던 친구가 이사를 가게 되었어요. 부모님이 곧 이혼하신대요. 이런 상황이라면 누구에게든 돌덩어리가 가슴을 짓누르는 것 같은 느낌이 찾아오지요. 얼굴이 일그러지고 말도 제대로 나오지 않습니다. 이럴 때 느끼는 감정이 바로 슬픔입니다. 슬픔은 절대 부끄러운 감정이 아니에요. 슬픔을 있는 그대로 받아들이도록 노력하세요. 알아요. 하루 빨리 벗어나고 싶겠죠? 슬픔에서 벗어나는 데는 시간이 조금 필요합니다. 참을성을 가지고 우선 내 앞에 놓여 있는 작은 일에 집중하세요. 아픈 친구의 병문안을 가든, 우는 동생을 달래 주든, 무슨 일이든 조금씩 실천하다 보면 자연히 슬픔에서 벗어날 수 있을 거예요.

행복 : 감정 가방이 가벼운 날

슬픔과 기쁨에는 공통점이 있어요. 둘 다 가슴에서 우러나오는 감정이란 점이지요. 행복을 느끼는 순간 우리는 수백만 개의 작은 불빛이 몸 안에 가득 차오르는 듯한 기분을 경험하게 됩니다. 가슴이 부풀어 오르고 얼굴에는 미소가 번지지요. 세상 모든 것이 멋지고 아름답게 느껴지고요. 사람이라면 누구나 이런 느낌이 영원하기를 바라지요.

우리의 일상은 앞에 열거한 갖가지 감정으로 가득 차 있어요. 학교에 갔는데 심술궂은 친구가 위협을 해 와요. 그럴 때 우리는 두려움을 느낍니다. 겨우 녀석을 피하기는 했어요. 두 주먹을 꽉 움켜쥐고 울분을 삭일 수밖에 없었지요. 분노의 감정이 솟구치네요. 그런데 그 순간, 남몰래 좋아하던 여자애가 수업을 마친 뒤 잠깐 얘기 좀 하자는 쪽지를 건네줘요. 어느새 분노는 씻은 듯이 사라지고 기쁨으로 마음이 가득해집니다. 하지만 그날 저녁 할머니가 암에 걸리셨다는 슬픈 소식을 듣게 되었지요. 그러자 엄청난 슬픔이 밀려왔어요.

인생이란 그런 거예요. 사춘기를 무사히 넘기고 멋진 어른으로 성장하기 위해서는 감정의 파도에 제대로 대처하는 방법을 배워야 해요.

복잡한 감정의 세계

늘 행복한 기분을 유지하는 방법이 있다면 얼마나 좋을까요? 이미 여러분도 인생에는 오르막과 내리막이 있다는 사실을 경험했겠지요? 인생은 정말 산 넘어 산이에요. 하지만 산을 넘고 넘다 보면, 산이 다 거기서 거기가 아닐까 하는 느낌도 듭니다. 어디 정말로 그런지 구체적으로 살펴볼까요?

상황 새로운 학기가 시작된 지 고작 2주밖에 안됐어요. 벌써 영어 학원과 합창 동아리에 가입 신청서를 냈지요. 주말에는 수영 강습까지 받고 있고요. 집에 돌아가면 숙제 할 시간이나 있을지 모르겠네요. 집에 가서 이불 속으로 숨어 버리고 싶은 심정입니다. 한잠 자고 눈을 뜨면 이 끔찍한 현실이 다 사라질까요?

진단 지금 과부하에 걸렸네요!

상황 지난주에 가장 친한 친구가 다른 애들한테 제가 아직도 토끼 인형을 껴안고 잔다는 소문을 내버렸어요. 그 애도 사실 인형을 안고 자거든요. 그래도 저는 그 애의 비밀을 아무에게도 말하지 않았어요. 앞으로 그 아이와 계속 친구 관계를 유지할 수 있을지 잘 모르겠어요. 그런데 그 친구가 없으면 외로울 것 같기도 해요.

진단 지금 상처받은 거예요.

상황 오늘따라 엄마가 일찍 퇴근하셨어요. 갑자기 해고를 당했다고 하시네요. 제가 걱정할까 봐 태연한 척하시지만 저도 어느 정도 눈치는 있어요. 책가방 지퍼가 고장 나서 새 가방을 사야 하는데 입이 안 떨어지네요. 이제 아파트 관리비는 어떻게 내죠? 이사를 가야 할까요?

진단 지금 무척 걱정되겠군요.

위와 같은 상황에 처하면 사람들은 후회할 행동을 해 버리는 경우가 많아요. 좋지 않은 기분 탓에 울고, 화내고, 소리 지르는 등 정신 나간 행동을 하기 쉽지요. 이것 하나만 기억하세요. 누구나 원치 않는 감정을 경험할 수 있어요. 그런 감정 때문에 실수를 하기도 하고요. 하지만 특별한 이유 없이 너무 자주 그러한 감정에 빠진다면 주위에 도움을 줄 만한 어른에게 상담하는 것이 좋습니다. 분명히 도움이 될 거예요. 아래에 기분 전환에 도움이 될 만한 팁을 몇 가지 제시해 보았어요.

기분 전환하는 방법

- **운동** 몸을 움직이세요. 밖으로 나가 달리기를 하거나 친구들과 농구를 하는 거예요. 스트레스 해소에 큰 도움이 될 거예요. 운동을 하면 엔도르핀(기분을 좋아지게 하는 호르몬)이 분비되거든요. 특히 사춘기에 흔하게 경험하는 불안 증상에 효과가 큽니다.
- **친구와 수다 떨기** 친구와 항상 속마음을 다 털어놓는 거창한 내용으로 대화할 필요는 없습니다. 가벼운 대화로 시작하세요. 과학 숙제를 하는데 진도가 안 나가서 답답하다고요? "이번 주에도 이놈의 숙제를 붙들고 있어야 할 거 같아." "이러다가 제때에 제출도 못하겠어."와 같은 넋두리 몇 마디만 나눠도 상관없어요. 혼자가 아니라는 사실이 생각보다 큰 위로가 될 거예요. 혹시 누가 알아요? 친구가 숙제를 도와줘서 쉽게 마칠 수 있을지도 모르지요.
- **행동파 되기** 걱정만 하지 말고 문제를 적극적으로 해결하세요. 행동에 옮기면 스트레스는 더 빨리 사라집니다. 과학 숙제의 경우를 살펴볼까요? 숙제를 미루면 온종일 숙제 생각만 하게 됩니다. 그러면 스트레스가 점점 커져요. 하지만 일단 숙제를 시작하면 기분이 한결 나아집니다. 사람들이 일을 뒤로 미루는 이유는 일의 결과물을 머릿속에 그리지 못하기 때문인 경우가 많아요. 하지만 굳이 결과를 미리 알아야 하나요? 그냥 편한 마음으로 자료도 꺼내 보고 책도 좀 뒤적여 보세

요. 그러다 보면 어느새 과제를 절반이나 끝냈을 거예요. 애초에 왜 그렇게 스트레스를 받았는지 기억조차 못 하겠지요.

- **현재를 즐기기** 우리는 이미 일어났거나 아직 일어나지 않은 일을 두고 스트레스를 받을 때가 많습니다. 차분히 숨을 한 번 고른 다음, 뇌에게 이렇게 말하세요. "내가 통제할 수 없는 일은 이제 그만 걱정해!"라고요. 지금 이 순간이 나에게 얼마나 소중한 시간인지 생각해 보세요.

>> 큰 소리로 울어요!

울고 나면 기분이 나아진다는 말은 많이 들어 봤을 거예요. 실컷 울고 나서 무겁던 마음이 한결 가벼워지는 경험을 해 본 적이 있나요? 그런데 놀라운 사실이 있어요. 슬픔에 대해 연구하는 몇몇 학자에 따르면 우는 행위가 기분 전환에 항상 도움이 되지는 않는다고 합니다.

미국 플로리다 주의 한 연구소에서 울음에 관한 실험을 진행했습니다. 사람들이 우는 동안 느끼고 생각한 내용을 문장으로 적게 하는 실험이었지요. 연구원들은 실험 참가자들로부터 약 3,000개의 문장을 수집해 분석했어요. 예상대로 상당수의 실험 참가자가 울고 난 뒤에 기분이 훨씬 나아졌다고 응답했습니다. 하지만 그렇지 않은 그룹도 있었어요. 전체 참가자 중 3분의 1가량은 울고 난 뒤에 별다른 감정 변화를 느끼지 못했다고 응답했습니다. 또 10명 중 1명은 오히려 울고 나서 기분이 더 나빠졌다고 응답했지요.

이 실험으로 우는 행동이 항상 기분 전환에 도움이 되는 것은 아니라는 사실이 밝혀졌습니다. 물론 종일 감정을 억누르다가 실컷 울어서 그 감정을 터뜨렸다면 좀 후련한 기분이 들겠지요. 하지만 부적절한 순간에 잘 모르는 사람들 앞에서 울음보를 터뜨렸다면 기분 전환에 도움이 될 리가 없을 거예요. 상황에 따라 울음의 효과도 달라지는 셈이지요.

아무리 울어도 소용이 없네요

도저히 말로는 설명할 수 없는 마음의 고통을 경험해 본 적이 있나요? 사람은 누구나 크고 작은 스트레스를 받으며 살아갑니다. 살다 보면 때로는 슬픈 일도 생기지만 곧 괜찮아져요. 그런데 사람들 중에는 보통 사람보다 훨씬 심각하게 슬픔을 경험하는 사람도 있습니다. 극심한 우울증을 호소하는 사람도 있고, 우울하다고 느끼지 못하지만 실제로는 깊은 우울증에 빠져 있는 사람도 있어요. 이렇게 우울한 감정이 계속해서 느껴질 때는 우는 것만으로는 슬픔을 해결할 수 없어요.

우울증을 앓는 사람은 꽤 많습니다. 세계 보건 기구(WHO)에 따르면 현재 극심한 우울증으로 고생하는 사람이 전 세계적으로 무려 1억 2천만 명에 달한다고 합니다. 어마어마하죠? 우울증은 그만큼 우리 주변에서 흔하게 발생하는 질병이에요.

우울증이 정확히 무엇이고, 자각 증상에는 어떤 것이 있을까요? 일단 우울증 증상이 아닌 것부터 알아볼까요? 우울증으로 착각하기 쉽지만 누구나 겪을 수 있는 지극히 평범한 감정들 말이에요. 학기 초가 되었어요. 앞으로 몇 달간 쉼 없는 학교 생활을 다시 시작해야 합니다. 이런 생각을 하니 우울한 기분이 엄습하네요. 기분이 좋을 수가 없겠지요. 하지만 이 정도의 감정을 가리켜 우울증이라고 부르지는 않아요.

우울증은 사람들이 흔하게 겪는 우울함과는 다릅니다. 슬픔, 절망, 자포자기 같은 감정이 혼합된, 심각한 수준의 감정 상태예요. 우울증은 짧게는 몇 달에서 길게는 몇 년 동안이나 지속될 수 있어요.

>>우울증에 빠지면 어떤 느낌이에요?

- 전에는 좋아했던 일인데 이제는 하고 싶지 않아요.
- 많이 울어요.
- 가족이나 친구와 떨어져 혼자 있고 싶어요. 그들과 함께 외출하는 일이 기쁘지 않아요. 차라리 집에 혼자 남아서 잠이나 자는 게 편해요.
- 자신이 무가치한 인간으로 느껴지고 죄의식이 들어요.
- 힘이 없고 항상 피곤해요. 집중도 잘 안 돼요.
- 항상 절망에 빠져 있어요. 이 상태에서 벗어날 수 없을 것 같아요.
- 불안하고 짜증스러워요.
- 의욕이 없어요. 모든 것이 하찮게 느껴져요.
- 평상시보다 잠자는 시간과 식사량이 늘었어요(혹은 줄었어요).
- 죽음이나 자살에 대한 생각을 많이 해요.

>> 아무래도 우울증인 것 같다고요?

앞에 열거한 항목은 우울증의 가장 일반적인 증상입니다. 하지만 우울증이 있다고 해서 앞의 증상이 전부 나타나는 것은 아니에요. 우울증의 증상은 사람마다 다릅니다. 어떤 사람은 화나고 짜증나는 감정을 슬픔보다 더 강하게 느낀다고 해요. 위장 장애, 두통, 복통과 같은 신체적 증상을 느끼는 사람도 있지요. 다른 사람의 평가에 극도로 예민하게 반응하는 사람도 있어요.

다행히 우울증은 치료가 가능합니다. 우울증을 치료하는 가장 흔한 방법은 바로 '대화 요법'이에요. 전문가와의 상담을 통해 내면의 감정을 들여다보고 다스리는 치료법이지요. 우울증은 약물로 치료할 수도 있어요. 의사의 처방을 받아 적절한 약을 복용하면 증상이 한결 호전됩니다. 만약 기분이 자꾸 가라앉거나, 우울한 생각이 자신을 심각하게 망가뜨리고 있다고 판단된다면 서둘러 전문가에게 도움을 요청하세요.

>> 마음속에 분노를 쌓아 두지 마세요

심리학자에 따르면 분노는 슬픔을 감추는 가장 효과적인 방법이라고 합니다. 사람들은 자신의 슬픔을 숨기기 위해 일부러 화가 난 듯 행동하기 쉽다고 합니다. 그런데 자신의 감정을 드러내지 않으면 나중에 어떤 일이 생길까요? 마음속에 묵은 감정을 꼭꼭 쌓아 두는 데는 한계가 있기 마련입니다. 언젠가는 상당히 치명적인 방식으로 감정을 분출하고 말지요. 다음과 같은 방식으로요.

- 자신에 대해 고약한 말을 해요. "나는 너무 멍청해! 못생겼어! 나약해!" 하지만 그렇게 해 봐야 문제 해결에 별로 도움이 되지 않지요. 오히려 자존감만 떨어질 뿐이에요.
- 자기 몸을 학대해요.
- 어리석기 짝이 없는 위험한 일을 저질러요.
- 가족과 친구에게 등을 돌린 채 점점 자신을 고립시켜요.
- 폭식을 하고 운동을 중단해요. 그저 빈둥거리며 보내요.

꾹꾹 눌러 온 감정을 옳지 않은 방식으로 폭발시키기도 합니다. 이런 식으로 말이죠.

- 물건을 마구 부숴요.
- 남들에게 증오 섞인 말을 쏟아 내요.
- 남을 때리거나 심지어 동물을 학대해요(이런 행위는 불법인 거 알고 있지요?).
- 지극히 사소한 일로 소란을 피워요.
- 복수를 계획해요.

만약 이 순간 나 또는 내 주변의 누군가가 위와 같은 상태라면 믿고 털어놓을 만한 어른을 찾아가 도움을 요청하세요.

우울증에 어떻게 대처하면 좋을까요?

청소년기는 참 예민한 시기입니다. 과연 청소년들은 우울하고 힘들 때 어떻게 대처해야 할까요? 현재 힘든 시기를 보내고 있는 청소년들이 우울증을 극복하기 위해 시도해 볼 만한 일들이 있을까요? 캐나다 구엘프 대학의 럼리 박사에게 물어 보았습니다.

"힘든 일이 닥쳤을 때 어떤 친구들은 자신의 삶을 엉망진창으로 만들어 버립니다. 하지만 그 일을 딛고 일어서서 오히려 긍정적인 태도로 미래를 향해 나아가는 친구도 있어요. 흥미로운 사실이지요."라고 럼리 박사는 말합니다.

그렇다면 고통스럽고 힘겨운 인생에 맞서 이겨 내는 비법이 과연 있을까요? 글쎄요. 누구에게나 통하는 유일한 해결책이란 존재하지 않는 것 같아요. 하지만 럼리 박사에 따르면 우울한 기분을 전환해 볼 수 있는 몇 가지 요령이 있다고 해요. 어떤 것들이 있는지 알아볼까요?

자살에 관해 기억해야 할 한 가지 진실

요즘 들어 자살에 대해 자주 생각하나요? 잘 생각해 보세요. 자살을 원하는 게 아니라 고통에서 벗어나고 싶을 뿐이잖아요? 그 두 가지는 분명히 다릅니다. 주위를 둘러보세요. 분명히 도와줄 사람이 있을 거예요.

>> 받아들이세요

사람이 항상 기분 좋을 수만은 없어요. 살다 보면 언제든 슬프거나 불안한 상황과 마주칠 수 있습니다. 슬프고 불안한 것만으로도 충분히 괴로운데 필요 이상으로 스트레스를 받거나 화를 낸다면 상황만 악화될 뿐이지요. 그러니까 자신의 감정을 있는 그대로 받아들이세요.

>> 마음을 차분히 가라앉혀 봐요

럼리 박사에 따르면 살아오면서 가장 편안했던 순간을 떠올려 보는 방법이 긴장 완화에 큰 도움이 된다고 합니다. 기분이 좋지 않을 때 이런 방법을 한번 사용해 보세요. 생각보다 효과가 큽니다.

>> 심호흡을 하세요

스트레스를 받으면 먼저 호흡이 불규칙해집니다. 화가 나거나 불안할 때는 잠시 숨을 멈추세요. 그 상태에서 조금씩 숨을 내쉬는 연습을 하세요. 이렇게 숨을 조절하면 흥분된 마음이 금세 가라앉는답니다. "천천히 조금씩, 깊게 호흡하면 마음이 진정되는 효과를 볼 수 있어요."라고 럼리 박사는 조언합니다. 또한 그녀는 마음을 진정시키기 위해 아이들에게 커다란 비눗방울을 만들게 합니다. 럼리 박사는 "비눗방울을 크게 잘 만들려면 숨을 아주 깊게 들이마셔야 해요. 또 내쉴 때도 정말 천천히 내쉬어야 하죠. 그러다 보면 마음이 진정되지요."라고 말했어요.

>> 근육을 풀어 주세요

만약 심호흡이 별 효과가 없다면 근육을 풀어 주는 것도 좋은 방법입니다. 어깨나 목 같은 부위를 잠깐 긴장시켰다가 다시 이완시키면 근육이 풀어지면서 마음에 안정이 찾아오지요. 무슨 말인지 잘 모르겠다고요? 걱정 마세요. 유튜브에 올라와 있는 동영상 자료만 해도 수없이 많습니다. 검색해 보세요.

>> 남의 시선을 너무 의식하지 마세요

친구들이 나에 대해 어떻게 생각할지 자꾸 신경이 쓰인다고요? 나의 옷차림, 취미 생활, 말투나 행동 등을 친구들이 세세히 지켜보고 있는 것 같다고요? 정말 그럴까요? 럼리 교수에 따르면 많은 친구들이 똑같은 고민을 한다고 해요. 나만 다른 친구들의 시선에 예민한 것이 아니었나 봐요. 그러니까 편안하게 생각하세요. 럼리 교수는 "사실 사람들은 남의 일보다는 자기 일에 더 관심이 많아요."라고 말합니다. 이것 하나만 기억하세요. 지금 이 순간 친구들은 오히려 여러분이 자신을 어떻게 생각하는지에 대해 더 고민하고 있어요.

>> 자신의 장점에 주목하세요

내가 친구들 사이에서 운동이나 싸움의 일인자는 아닐지도 모릅니다. 하지만 살아가는 데는 운동이나 싸움 말고도 중요한 재능이 많아요. 가만히 자신을 돌아보세요. '내가 가진 강점'이 분명히 있을 거예요. 타고난 리더 기질이 엿보이나요? 그렇다면 반장 선거 때 후보로 출마하면 어떨까요? 남들 앞에 나서서 사람들을 웃기는 재주가 있다고요? 그렇다면 최신 유행어를 잘 익혀 두었다가 친구들 앞에서 실력 발휘를 해 보세요. 연극반에 지원해도 좋고요. 자신이 가진 장점에 대해 잘 알고 자신을 긍정적으로 평가하는 일은 우울증 치료에 상당히 도움이 됩니다. 럼리 박사도 "우울한 기분이 들 때는 자신이 평소 좋아하는 일이 무엇이었는지 잘 생각해 보고 그 일에 더 매진하세요."라고 조언했어요.

>> 기운을 돋우는 사고법을 활용하세요

럼리 박사에 따르면 우리가 어떤 생각을 하느냐가 우리의 감정과 행동에 큰 영향을 준다고 합니다. 다시 말해 "나는 정말 멋진 아이야."라고 생각하며 살아가면 행복한 기분으로 살 수 있지만 "나는 잘하는 게 없어."라는 생각을 마음속에 간직하면 슬픔이나 분노, 우울함을 느끼며 지내게 된다는 거예요. 그러니까 되도록이면 긍정적으로 생각하는 습관을 들이세요.

긍정적으로? 어떻게요?

지금 내가 '아무도 나를 좋아하지 않아.'라는 생각에 사로잡혀 있다고 상상해 봅시다. 당연히 슬프고 외롭겠지요? 이러한 부정적인 생각 때문에 행동도 달라집니다. 우울한 기분이 들면 보통 어떻게 행동하지요? 학교 수업이 끝나자마자 곧장 집으로 돌아와서 친구들의 연락도 받지 않는 경우가 많지요? 친구들은 모두 신 나게 놀고 있을 때 혼자 집에만 틀어박혀 있을 거예요. 그럴수록 기분은 점점 더 나빠지고요.

그럴 때는 '기운을 돋우는 사고법'을 떠올리세요. 내가 처한 상황을 한 방향에서만 보는 것이 아니라 여러 각도에서 보는 거지요. 아무도 나를 좋아하지 않는다고요? 잘 생각해 보면 분명 나를 좋아하는 친구가 있어요(수영 강습반의 여자 아이들이 내 접영 실력에 얼마나 감동하는지 봤잖아요). 친구들이 나와 별로 대화하고 싶어 하지 않는다고요? 어쩌면 내가 먼저 친구들에게 다가갈 생각을 하지 않았기 때문에 대화가 없었을 수도 있어요. 관점을 바꾸어 생각하면 기분이 나아집니다. '유리잔에 물이 아직 반이나 남았네.'와 '고작 반밖에 안 남았네.'라는 두 가지 태도에 대해 들어본 적이 있을 거예요. 평상시에 '고작 반밖에 안 남았네.'라고 생각했던 사람이었다면 이제부터는 생각을 바꾸어 '아직 반이나 남았네.' 하는 태도로 살아가세요.

골치 아픈 친구들

좋은 친구라면 나를 고통스럽게 만들지 않겠죠? 가끔은 친구 행세를 하고 있지만 알고 보면 피해를 주는 사람들이 있어요. 그런 친구 때문에 속을 썩고 있는 사람이 있을지도 모르겠네요. 그 친구와 알게 되어서 기쁘고, 진정한 친구라고 생각한 순간도 있었겠지요. 하지만 시간이 지날수록 그 친구와 같이 있으면 기분이 상하는 순간이 늘어납니다.

그 친구가 걸어오는 자잘한 시비는 사실 별로 대단한 것은 아니에요. 하지만 분명 기분을 언짢게 하지요. 이런 친구와 함께 있으면 어김없이 찜찜한 기분이 듭니다.

- "너 이제야 시험공부를 시작했다고? 나는 지난주에 벌써 시작했거든." 그 친구는 항상 이렇게 말합니다. 내 계획에 따라 지금까지의 습관대로 공부하면 되는데도 그 친구의 말을 들은 뒤로는 왠지 걱정이 앞섭니다.
- "나는 네가 그 남자애를 그렇게 많이 좋아하는지 정말 몰랐어. 진작 말했어야지." 내가 1년 동안이나 좋아한 남자애와 데이트 약속을 잡은 친구가 이런 말을 합니다. 내가 그 애를 얼마나 좋아하는지 뻔히 알면서 말입니다.

>> 내 주변의 적을 골라 내세요

앞에서 말한 부류의 친구를 일컫는 말이 있어요. 바로 '이중인격자'라는 말이에요. 이런 친구들은 정말 사람을 미치게 하지요. 한 연구 결과에 의하면 이중인격자 친구와 사귀면 우울지수가 올라가고, 혈압과 스트레스 지수도 오른다고 해요.

이중인격자가 뭐예요?
어떤 사람이나 사물에 대해 상반되는 두 가지 태도를 보이는 사람입니다. 겉과 속이 다른 사람을 비유적으로 이중인격자라고 부르지요.

더 흥미로운 사실을 알려 드릴까요? 전문가들이 나쁜 친구와 혈압의 상관관계를 조사해 보았다고 해요. 그런데 참기 힘들 정도로 사이가 나쁜 사람과 함께 있을 때보다 친구 행세를 하는 이중인격자와 함께 있을 때 혈압이 더 많이 올랐다는 연구 결과가 나왔어요. 그럴 법도 하지요? 우리는 어차피 분명한 적에 대해서는 아예 기대를 하지 않잖아요. 그래서 별로 실망할 이유가 없어요. 그러나 친구인지 아닌지 도대체 정체를 알 수 없는 사람들은 꾸준히 우리를 힘들게 해요. 언제 다시 우리를 괴롭힐지 예측할 수 없기 때문에 스트레스가 이만저만이 아니지요. 그런데도 우리가 이런 친구를 곁에 두는 이유는 뭘까요?

- 인간은 원래 사람에게 기대를 해요. '그 애가 오늘은 내게 고통을 주었지만 내일은 더 좋은 친구가 될지도 몰라.'라고 생각하기 쉽지요.
- '유치원 때부터 친구로 지냈는데 그 애 없이 앞으로 잘 지낼 수 있을까?'라고 생각할 수도 있어요.
- 장점 몇 가지 때문에 더 많은 단점을 보지 못하는 경우도 있어요. 우리 부모님이 이혼하셨을 때 제일 먼저 찾아와 위로를 건네던 친구가 그 친구였던 거예요. 지금은 그 애로 인해 고통스러울지 몰라도, 힘든 일이 생기면 마음을 기댈 유일한 친구는 그 친구라는 어리석은 생각이 들어요.
- 그 애가 집단의 리더 역할을 하고 있는 경우도 있어요. 그래서 녀석을 떠나기가 두렵지요. 혼자 남겨지기 두려운 나머지 그냥 참고 있어요 (이 문제에 대해서는 PART6에서 좀 더 자세히 살펴봅시다).

>> 내가 혹시 이중인격자 친구에 속하나?

앞서 살펴본 이중인격자 친구가 바로 나일지도 모른다고 생각하는 사람이 있나요? 그렇다면 한 걸음 물러서서 지금껏 왜 친구를 비난하고 깎아내리려 했는지 고민해 보세요. 그런 행동을 통해 무엇을 얻고 싶었던 것인지 자문해 보세요.

남을 못살게 구는 사람은 대부분 심리적으로 문제를 안고 있는 경우가 많아요. 대개 다른 사람이 자신의 문제를 알아차릴까 봐 두려워하지요. 그래서 자기 나름대로 해결책을 찾아냅니다. '다른 친구의 기분을 상하게 해서 고민에 빠뜨리면 내 단점을 찾을 겨를이 없을 거야.'라고 생각하고 행동하는 것이지요.

그러한 행동들이 일시적으로는 효과가 있을 수 있어요. 하지만 과연 계속해서 내 뜻대로 될까요? '그 애가 나보다 더 똑똑해. 그러니까 내가 얼마나 멍청한지 알아차리기 전에 그 애가 자신을 멍청하다고 생각하게 만들어야겠어.' 이런 식의 생각은 오히려 친구와 적이 되는 지름길일 뿐이에요.

앞에서 잠깐 언급한 '기운을 돋우는 사고법' 기억하나요? 만약 자신이 이중인격자라는 생각이 든다면 기운을 돋우는 사고법이 도움이 될 거예요. 생각이 행동에 주는 영향은 큽니다. 그러니까 일단 생각을 바꾸세요. 그러면 기분과 행동도 따라서 바뀝니다. 자신의 마음을 자세히 들여다볼 수 있는 좋은 방법이 하나 있어요. 생각을 종이에 적어 보는 거예요. 만약 자신이 악당 같은 친구로 변하고 있다는 느낌이 든다면 먼저 생각을 잘 관찰해 보세요. 무엇이 나를 악당으로 만들고 있는지 알아야 하니까요. 생각을 구체적으로 적어 보면 분명히 도움이 될 거예요. 어떻게 적어야 하냐고요? 예를 들어 볼까요?

- **상황** 제일 친한 친구인 민수가 내일 수학 시험에 대해 말하고 있다.
- **내 기분** 걱정, 두려움, 분노.
- **내게 숨겨진 생각** 내일 시험을 망칠 것 같아. 민수는 나보다 수학을 훨씬 잘해. 난 수학이 정말 싫어. 나도 민수만큼 수학을 잘했으면 좋겠어. 난 정말 수학 하고는 거리가 멀어. 민수가 내 실체를 알면 나와 친구로 지내려 하지 않을지도 몰라.

마음속에 숨겨진 생각들을 정확히 파악하면 생각을 바꾸기가 훨씬 쉬워요. 자, 그럴 때는 '기운을 돋우는 사고법'을 활용해서 자신에 대한 부정적 생각에 작은 구멍 하나를 뚫으세요. 이를테면 이렇게요.

- 지금까지 나는 수학 시험을 망친 경험이 없어. 그러니까 이번에도 절대 그런 일은 일어나지 않을 거야.
- 민수가 수학을 잘하는 건 사실이야. 하지만 내가 민수보다 더 잘하는 분야도 분명히 있어. 축구나 농구처럼 말이야. 성적표를 봐도 몇몇 과목은 꽤 괜찮게 하는 편이야. 나는 스포츠에 재능이 있고 민수만큼 똑똑한 사람이야.
- 내가 수학 시험 좀 망친다고 민수가 내 곁을 떠날까? 너무 근거 없는 걱정이야.

친구의 기분을 엉망으로 만들지 않고도 내 기분을 행복하게 만드는 방법은 얼마든지 있습니다. 따라해 보세요. 먼저 나 스스로 생각을 바꾸고 기운을 내세요. 자신이 얼마나 멋진 사람인지 깨달으세요. 그리고 내가 대접받기 원하는 만큼 다른 사람을 대접하는 태도를 가지세요.

생각해 봅시다!

Q 여러분은 울고 나면 기분이 나아지나요, 아니면 더 나빠지나요?

패거리란 비슷한 기호와 행동 방식을 가진 사람들의 집단을 말합니다. 같은 패거리에 속한 친구는 함께 많은 시간을 보내지요. 또 아무나 자신의 패거리에 끼워 주지 않아요. 다시 말해 패거리는 소규모의 가족공동체와 유사하지요. 그래서 상당히 배타적인 성격을 띠어요. 나머지 구성원의 동의 없이는 쉽게 들어갈 수 없는 모임이지요.

PART 6

나도 저 **애들**과 **놀고** 싶어요

왠지 나만 겉도는 느낌이에요 나도 다른 아이들과 잘 어울리고 싶어요!

친구들과 만났을 때 옷차림을 한번 비교해 보세요. 청바지에 티셔츠 일색인가요? 브랜드까지 똑같다고요? 그건 친구들이 자신도 미처 깨닫지 못하는 사이에 주변 친구들과 비슷해지려고 애쓰고 있었기 때문이에요. 그렇게 애쓴 흔적이 옷차림 여기저기에서 드러나고 있지요?

무리 속에 융화되고 싶을 때 사람들은 흔히 옷을 활용해요. 친구와 비슷한 옷을 입고, 말투와 행동까지 닮아 가는 일은 사람들 사이에서 지극히 흔하게 일어납니다. 우리는 이런 현상을 '동조'라고 불러요.

집단이 가진 힘

새로운 집단에 잘 적응하려고 노력하는 자세는 누구에게나 필요한 덕목입니다. 일단 집단에 소속되었다고 느끼면 기분이 한결 편안해지지요. 실제로 얻을 수 있는 장점도 많습니다. 누군가에게 상처받는 말을 들어도 내가 속한 집단의 친구들이 같은 편이 되어 주기

> 아는 것이 힘!
>
> **동조가 뭐예요?**
>
> 동조란 어떤 집단에 받아들여지기 위해 본래 자신의 행동 방식(심지어 신념까지)을 바꾸는 행위를 말해요.

도 하고요. 수학 시험을 망쳐서 기분이 나쁠 때 친구들에게 위로를 받기도 합니다. 사람은 누구나 타인과 연결되어 있다는 느낌을 간절히 원하고 있어요. 이런 욕망 자체에는 아무 문제가 없지요.

하지만 이 욕망에는 어두운 면이 함께 존재합니다. 무리 속에 섞이고 싶은 바람이 너무 큰 나머지 자신의 신념에 어긋나는 말이나 행동을 하게 되는 경우가 그렇지요.

>> 어느 쪽 선이 더 길까요?

지금 어떤 실험에 참가했어요. 안내에 따라 방에 들어갔더니 대여섯 명의 참가자가 있어요. 참가자들과 함께 테이블에 앉았어요. 그때 남자 한 명이 카드 두 장을 가지고 들어오네요. 한쪽 카드에는 길이가 13센티미터가량 되는 선 하나가 그려져 있어요. 다른 쪽 카드에는 선이 세 개 그려져 있어요. 그런데 선 세 개 중 하나는 아까 그 카드의 선과 같이 13센티미터에요. 나머지 두 선은 그것보다 약간 길거나 짧아요.

- **실험 방법** 두 번째 카드에 있는 선 세 개 중 어떤 선이 첫 번째 카드의 선과 같은 길이인지 맞히면 됩니다. 아주 쉽죠? 자, 답을 정하셨나요? 그런데 비밀이 하나 있었어요. 바로 여러분을 제외한 나머지 참가자

는 모두 연기자란 사실입니다. 그들의 임무는 여러분이 정답을 맞힐 수 없게 교란시키는 것이에요.

>> 내가 왜 이러지?

처음에는 다른 참가자들 모두가 여러분과 똑같은 답을 말합니다. 그런데 어느 순간 연기자 중 한 명이 갑자기 다른 답이 정답이라고 주장해요. 그러자 나머지 연기자들이 모두 '틀린' 답에 동조하기 시작하지요. '다들 왜 이러지? 딱 봐도 오답인데 왜 저게 정답이라는 거야?' 물론 처음에는 모두가 이렇게 생각해요. 하지만 마음속에 불안감이 비집고 들어옵니다. '혹시 내가 틀린 건가?' 그리고 혼자만 다른 답을 이야기했다는 상황이 슬슬 불편하게 느껴지기 시작해요. 그러다 슬그머니 틀린 답에 동조하고 말지요.

이 실험은 저명한 사회 심리학자인 솔로몬 애쉬가 1950년대에 고안해 냈어요. 사회 심리학 분야에서는 매우 유명한 실험이지요. 솔로몬 박사는 원래 이 실험으로 '인간은 어떠한 상황에서도 진실을 볼 수 있다.'는 사실을 증명하고 싶었다고 해요. 하지만 실험 결과, 엉뚱하게도 다음과 같은 진실이 밝혀진 셈이죠.

"우리 중 3분의 2가량의 사람들은 상황에 따라서, 혹은 집단 내부의 압력 때문에 자신의 신념에 어긋나는 말을 한다."

이 실험 이후 비슷한 실험이 꽤 많이 이루어졌지만 결과는 항상 같았어요.

» 하지만 좋은 점도 있답니다

아마 이렇게 생각하는 사람도 있을 거예요. '나는 절대 그런 식의 압력에 휘둘릴 사람이 아니야. 나는 어떤 상황에서도 내가 믿는 바를 말하겠어.' 물론 자신의 신념을 올곧게 지켜 가는 일은 멋집니다. 하지만 모든 사람이 자기 생각대로만 살아간다면 이 세상은 어떻게 될까요? 아마도 이런 일들이 벌어지지 않을까요?

- 학교에서 조별 과제가 사라질 거예요. 저마다 자기 주장만 하기 때문에 합의가 이루어지지 않을 테니까요. 친구들과 하던 공동 작업은 이제 꿈도 꾸지 마세요. 절대 제대로 끝낼 수 없을 거예요. 치열한 의견 다툼만 벌어지겠지요.
- 선거 때가 되면 악몽이 따로 없을 거예요. 정부가 나라를 제대로 돌볼 수 있으리라는 기대 역시 터무니없는 생각이 되어 버릴 테니까요. 입법 과정 역시 아무도 동의하지 않기 때문에 불가능해지고요.
- 부모, 형제, 친구, 선생님 등과 끊임없이 논쟁을 벌이게 되겠지요. 하루도 조용한 날이 없을 거예요.

이제 이해가 가나요? 남들과 평화롭게 공존하려면 때로는 내 신념을 양보할 필요가 있어요. 그것이 '동조'입니다. 동조는 때에 따라 긍정적인 효과를 냅니다. 어느 정도의 동조와 합의 과정이 없다면 우리가 사는 지구는 무질서하고 어지러운 곳이 될 거예요. 상대방의 의견을 존중하고 자신의 신념을 세상과 잘 융화시키는 법을 배워 나가는 일 역시 성장 과정에서 반드시 필요한 부분입니다. 문제는 얼마나 균형을 잘 잡느냐에 달려 있어요. 이래도 상관없고 저래도 상관없다는 식으로 동조한다면 문제가 있는 거지요. 또는 매사에 늘 양보만 하다 보니 정작 내가 원하는 것이 무엇인지도 모를 지경이 된다면 그 역시 바람직하지 않겠지요.

적자생존

인간의 적응력은 실로 놀랍습니다. 특히 자존감이 낮은 상태에서는 자신의 욕구를 죽이고, 다른 사람의 의견에 일방적으로 따르기도 하지요. 사춘기에 들어서면 또래 집단의 규칙에 따라 행동해야 하는 일이 더 많이 생겨납니다. 친구들이 내 화를 돋우거나, 나에 대해 수군거리고, 일부러 못된 행동을 할 때조차 적응해야하는 일이 생겨나지요. 대부분의 경우 사람들은 본능적으로 집단에 적응하기 위한 노력을 합니다. 그 노력의 결과가 자신에게 좋든 나쁘든 우선 집단에 적응하려 해요.

>> 닭발 좋아하세요?

친구를 사귀기 위해 싫어하는 음식을 억지로 먹을 수 있나요? 몇 년 전 한 연구소에서 일반인을 대상으로 가짜 성격 테스트를 실시했습니다. 성격 테스트 참가자 중 일부는 상당히 마음에 드는 결과지를 받았다고 해요. 성격 테스트의 결과지에는 남은 인생 동안 아주 행복한 삶을 살게 되리라는 내용이 적혀 있었어요. 이들은 흡족한 결과에 환호하느라 정신이 없었지요. 하지만 나머지 참가자들은 정반대의 결과지를 받았어요. 앞으로 이혼할 가능성이 높고, 불행하고 외로운 인생을 살게 될 거라는 결과지를 받았지요.

알아요. 너무 잔인한 실험이죠? 물론 참가자가 받은 결과지는 모두 가짜였어요(참가자들은 나중에야 이 사실을 전해 들었지요). 부정적인 내용의 결과지를 받은 참가자가 자신을 매력 없고 실패한 사람이라고 생각하게 만드는 것이 첫 번째 실험의 의도였답니다.

첫 번째 실험에 이어서 같은 참가자를 대상으로 두 번째 실험을 실시했어요. 우선 각자 좋아하는 음식과 싫어하는 음식을 적어 내도록 했지요.

잠깐 싫어하는 음식 이야기를 해 볼까요? 닭발은 모양이 징그러워서 한국인 사이에서도 호불호가 갈리지요. 한국과 가까운 나라인 중국에서는 닭발을 많이 먹는데요. 중국 현지 음식점에 가면 닭발이 아주 인기 있는 메뉴라고 합니다. 탕수육 못지않은 인기를 누리고 있지요. 그런데 두 번째 실험의 설문에서 상당수 응답자가 싫어하는 음식으로 닭발을 꼽았어요. 참가자 대부분이 서양인이었기 때문에 닭발만큼은 절대 먹을 수 없다는 사람이 많았지요. 그런데 연구진은 재미있는 결정을 내렸어요. 참가자들에게 닭발을 아주 좋아하는 중국인과 저녁식사를 할 기회를 주기로 결정했지요.

과연 어떻게 되었을까요? 첫 번째 실험에서 부정적인 결과지를 받았던 참가자 중 일부가 닭발을 주문하고 말았어요. 함께 식사하는 사람에게 환심을 사기 위해서 닭발을 주문한 거예요. 왜 그랬을까요? 다음과 같이 추측해 볼 수 있습니다. 이들은 첫 번째 실험에서 부정적인 평가를 받았기 때문에 자존감에 상처를 입었습니다. 그래서 상대방의 마음에 들기 위해 안간힘을 다한 것이지요. 아니면 이렇게 생각해 볼 수도 있지요. 이들은 첫 번째 실험에서 부정적인 결과지를 받아서 소외감을 경험했어요. 그렇기 때문에 긍정적인 평가를 받은 사람처럼 되고 싶어서 무리하게 친절하고 좋은 사람을 연기했다고 볼 수도 있을 거예요.

패거리에 소속되기

'패거리'이라는 단어, 들어 본 적이 있지요? 패거리란 비슷한 기호와 행동 방식을 가진 사람들의 집단을 말합니다. 같은 패거리에 속한 친구는 함께 많은 시간을 보내지요. 또 아무나 자신의 패거리에 끼워 주지 않아요. 다시 말해 패거리는 소규모의 가족 공동체와 유사하지요. 그래서 상당히 배타적인 성격을 띠어요. 나머지 구성원의 동의 없이는 쉽게 들어갈 수 없는 그룹이지요.

듣고 보니 패거리란 꽤 끈끈한 관계로 이어진 모임인 것 같네요. 하지만 깊이 알아보면 실상은 그렇지 않습니다. 패거리에는 어두운 면이 꽤 있거든요. 패거리에 소속되어 있으면 소속되기 이전보다 훨씬 심한 소외감을 맛보게 될 수도 있어요. 왜 그런지 알아볼까요?

>> 패거리 내부의 실상

패거리는 어떤 방식으로 유지될까요? 누가 받아들여지고, 누가 밖으로 밀려날까요?

- **관심 표현** 오늘은 가장 친한 친구인 지혜와 나란히 앉아 미술 수업을 받았어요. 미술 수업이 끝난 뒤 혼자 화장실로 향했죠. 그런데 같은 반인 민주가 화장실 안까지 따라 들어오며 말을 걸어오네요? "네 머리 정말 예쁘다. 넌 엄청 예쁜 것 같아." 이 말에 갑자기 우쭐해졌어요. 민주가 음악 수업 시간에는 자기와 같이 앉자고 하네요. 왠지 더 신이 납니다.
- **새 친구** 며칠 뒤 민주가 어울리는 친구들과도 친해지게 되었어요. 이제 이 친구들은 내 옆에 같이 앉고, 함께 식사도 하고, 방과 후에 놀자고 청하지요. 새로운 친구들의 관심을 한 몸에 받게 된 나는 이들 모임에 소속된 기분이 들어요. 정말 순식간에 벌어진 일이에요.
- **이상한 점 발견** 즐거운 시절도 잠시였네요. 그동안 보이지 않던 것들이 보이기 시작합니다. 일단 민주가 이 그룹의 대장이란 사실을 알게 돼요. 그 아이의 말 한 마디면 상황 종료에요. 누구든 민주의 말에 이의를 제기했다가는 민주가 퍼뜨린 헛소문의 희생양이 되는 거예요. 나머지 친구들도 생각했던 것과 너무 달라요. 틈만 나면 상처 주는 말을 합니다. 이를테면 "너 옷이 왜 그래?" 같은 말을 서슴없이 하지요.

나는 이유도 모른 채 당하고만 있어요. 기분은 점점 나빠지고요.

- **옛 친구와의 단절** 그중 최악은 뭔지 아세요? 이 친구들이 자기네 패거리에 속하지 않은 친구를 틈만 나면 조롱하는 거예요. 심지어 내 옛 친구인 지혜까지 말이에요. 죄책감에 시달리지만 잘못해서 민주의 패거리에서 쫓겨날까 봐 지혜에게 말을 걸지 못해요. 지금 이 패거리에서 쫓겨난다면 누구와도 어울릴 수 없을 거예요. 이미 지혜를 비롯한 옛 친구들은 내게 화가 난 상태이니까요. 진퇴양난의 처지에 놓여 버렸어요.

- **제명 조치** 패거리 내에서는 민주가 부동의 서열 1위예요. 하지만 나머지 여자애들 역시 자기 영향력을 키우려고 끊임없이 암투를 벌여요. 마치 서로 내쫓지 못해 안달 난 사람처럼 굴지요. 결국 내가 제명 조치의 대상이 되는 순간이 옵니다. 단지 민주와 똑같은 구두를 신었다는 이유로 말이에요. 말도 안 되지요? 하지만 민주는 똑같은 구두를 문제 삼아요. 내 뒤에서 나를 험담하며 나머지 친구들을 모두 자기 편으로 끌어들이지요. 아무도 드러내 놓고 말하지는 않지만 내가 이미 이 패거리에서 제명되었다는 사실을 느낄 수 있어요.
- **내가 왕따?** 인기 점수를 0부터 10까지 매겨 본다면 내 점수는 마이너스를 향해 가고 있어요. 아무도 내 옆에 앉으려 하지 않고, 조별 수업을 할 때도 함께할 아이가 없어요. 방과 후에는 곧장 집으로 와서 저녁식사 전까지 TV 앞에 앉아 있지요. 지혜에게 다가가 먼저 사과하고

싶지만 민주가 선수를 치는군요. 이렇게 말하면서 말이에요. "지혜야, 네 머리 정말 예쁘다. 넌 정말 예뻐."

>> 기억해 두세요

패거리는 성별과 관계없이 여러 명의 친구들이 모여 만들어져요. 하지만 친구끼리 모인 그룹이라고 해서 항상 패거리가 되는 건 아니랍니다. 패거리가 아닌 친구들의 모임은 새로운 교우 관계를 막지 않아요. 오히려 다른 친구와 어울리는 일을 서로 격려합니다. 새로운 친구와의 교제가 얼마나 즐거운 일인지 모두들 잘 알고 있으니까요. 하지만 패거리는 달라요. 자기 패거리에 속하지 않은 친구를 고의로 배제하지요. 상처를 주려는 의도로 특정한 친구를 따돌립니다.

패거리의 문제점

청소년들 사이의 편 가르기가 문제가 되는 근본적인 이유는 무엇일까요? 전문가들은 패거리가 청소년에게 '집단 사고'를 마치 당연한 것인 양 인식하게 한다고 지적합니다. '집단 사고'란 어떤 집단에 속한 구성원들이 집단 내의 모든 사람이 똑같은 방향으로만 생각해야 한다고 믿는 현상을 말해요. 집단 사고가 지속되면 사람들은 자신의 행동과 생각이 과연 올바른가에 대해 의심을 하지 않는다고 해요.

패거리 내에서 중요한 것은 오직 권력뿐입니다. 패거리에 속한 사람들은 누구를 같은 편 안에 넣어 줄지, 반대로 누구를 제명시킬지를 결정할 권력을 가지려 하지요. 나와 맞는 아이를 고르고 나와 다르다고 생각되는 아이는 제외시키면서 편 가르기를 합니다. 하지만 이러한 방식의 관계 맺기는 결코 건강한 방법이 아닙니다. 가진 돈이 적다는 이유로 다른 사람을 못살게 굴어도 될까요? 피부색이나 성정체성이 나와 다르다는 이유로 친구가 될 수 없을까요? 편 가르기는 남녀차별과 많이 닮아 있어요. 여성을 남성과 동등한 인격체로 인정하지 않던 시대에 관해 들어보았나요? 남성과 다르다는 이유로 여성이 차별받고 남성들의 세계에는 절대로 참여할 수 없던 시절이 있었지요. 말하자면 남성들의 패거리에 여성은 들어갈 수 없었던 셈입니다.

여자들만 패거리를 만든다고요?

여자애들은 모이기만 하면 편 가르기 한다는 말 많이 들어봤나요? 하지만 남자들도 여자 못지않게 패거리를 많이 만들어요. 자기들의 구미에 맞는 아이는 패거리 안에 끼워 주지만 그렇지 않을 때는 가차 없이 내쳐 버리죠.

>> 학교 폭력, 눈에 보여요

학교 폭력은 정말 심각한 문제입니다. 매일 수천 명의 청소년이 놀림과 모욕, 구타를 비롯한 온갖 괴롭힘을 당하고 있어요. 단지 주위의 누군가가 그 친구를 '우리와 너무 달라.'라고 규정지었다는 이유로 말입니다. 심지어 괴롭히기 쉬운 대상이라는 이유로 따돌림을 당하기도 합니다.

학교 폭력은 피해자의 입장에서는 말로 표현할 수 없을 만큼 고통스러운 일입니다. 피해자 대부분이 다음과 같은 증상을 호소하지요.

- 우울해요.
- 학교에 가기 싫어요.
- 성적이 자꾸 떨어져요.
- 잠을 이룰 수가 없어요.

사람에 따라 이보다 더 심각한 증세를 보이기도 합니다. 특히 피해 학생이 학교 폭력으로부터 탈출구를 찾을 수 없는 경우에 증세가 훨씬 심각해지지요. 우리 주위에도 이런 친구가 있을지 모르겠네요.

우리 각자에게는 주변에서 이런 일이 일어나지 않도록 막을 수 있는 힘이 있습니다. 그런데도 여전히 학교 폭력이 사라지지 않는 오늘의 현실이 안타까울 따름이지요.

학교 폭력 때문에 혼자 화장실에 가는 일조차 두려워하는 학생도 있어요. 새 운동화를 빼앗길까 봐 밤잠을 설치는 학생도 있지요. 학교 폭력의 가해자들은 단순히 장난이나 재미로 폭력을 행사하지만, 피해자에게는 그렇게 간단한 차원의 문제가 아닙니다. 학교 폭력은 한 사람의 삶 전체를 망가뜨릴 수 있는 잔인한 악행이에요.

>> 학교 폭력 막을 수 있어요!

2007년 캐나다 케임브리지 시에 있는 센트럴 킹스 농업학교에서 벌어진 일화를 하나 소개하려고 합니다. 여름방학이 끝나고 새 학기가 시작되는 첫날이었어요. 학생들은 새로운 사물함의 위치를 확인하느라 정신이 없었지요. 학생들은 방학 동안 있었던 일에 대해 이야기를 나누며 수업 준비를 하고 있었어요.

그런데 이 학교 9학년 남학생 하나가 분홍색 폴로 티셔츠를 입고 등장합니다. 이 친구는 순식간에 놀림거리가 되어 버렸어요. 그때 상급생 몇 명이 다가와 "다시 한 번 그런 옷을 입고 등교한다면 가만두지 않겠다."며 협박합니다. 이 사실이 학생들 사이에 알려졌고, 데이비드 셰퍼드와 트래비스 프라이스라는 두 남학생은 조만간 폭력 사건이 일어나리라고 직감했어요. 두 사람은 학교 폭력을 막기 위해 급히 대책을 세웠지요. 그 대책이란 학생들에게 50장의 분홍색 티셔츠를 나눠 주고 학교에 입고 와 달라고 부탁하는 일이었어요. 결과는 놀라웠습니다. 티셔츠를 받지 못한 학생들까지 이 일에 동참했어요. 그 결과 300여 명이 분홍색 옷을 입고 등교했습니다. 엄청난 사건이었지요. 이 일로 인해 그 9학년 남학생은 학교 폭력의 희생자가 되지 않았습니다(집단 사고가 아주 바람직한 방향으로 표현된 예가 되겠네요). 그로부터 얼마 뒤 언론과 인터넷을 통해 이 사실이 세상에 알려지게 되지요.

현재 캐나다를 비롯한 몇몇 국가의 학교에서는 매년 2월 말이 되면 '분홍 티셔츠의 날'을 정해 기념식을 시행하고 있습니다. 분홍 티셔츠의 날은 '학교 폭력은 사라져야 한다.'는 메시지를 전하기 위한 날이지요.

학교 폭력의 근본적인 원인은 무엇일까요?

그렇다면 학교 폭력이 일어나는 원인은 무엇일까요? 정확한 원인을 파악하기란 쉽지 않지만 몇 가지 추측은 가능합니다.

>> 엇나간 동조

앞서 살펴본 분홍 티셔츠 사건은 집단의 힘이 세상을 변화시킨 좋은 예입니다. 그러나 집단의 힘이 잘못 발휘되면 오히려 문제가 일어날 수도 있지요. 한 사람을 희생양으로 정해 놓고 여러 사람이 집단으로 괴롭히는 일은 가장 최악의 '동조' 행동입니다. 이렇게 엇나간 행동에는 다른 아이들이 다 그렇게 하니까 나도 그럴 수 있다는 사고방식이 깔려 있기 마련입니다. 피해 학생의 상당수가 자신이 속한 집단의 규칙을 따르지 않는다는 이유로 폭력의 대상이 됩니다. 쉽게 말해 남보다 좀 튄다는 이유로 집단 괴롭힘을 당하는 거예요. '왕따를 당하기 싫으면 튀지 말고 조용히 지내야 한다.'는 식의 잘못된 인식이 사라지지 않는 한 '학교 폭력 근절'을 향한 길은 멀기만 합니다.

>> 타인의 감정에 대해 생각해 본 적 있나요?

오늘날 우리가 살아가는 세상은 너무나 복잡합니다. 도시마다 수많은 사람으로 북적거리지요. 한 전문가에 따르면 현대인은 자신을 '거대한 모래사장 안의 한 톨의 모래 알갱이'로 인식하는 경향이 있다고 합니다. 동시에 주변 사람들을 '하나의 독립된 모래 알갱이'가 아닌 '커다란 모래사장'으로 인식하기 쉽다고 하네요. 다시 말해, 군중 속에 섞여 있는 사람들은 그저 나에게는 감정 없는 존재로 인식될 뿐이라는 말이지요. 그 때문에 현대인들은 다른 사람에게 상처 주는 말을 하거나 못된 짓을 하고도 '그게 뭐 그리 큰일이라도 돼?'라고 생각하기 십상이지요.

» 철없는 어른들

문제는 어른들 중에도 학교 폭력 문제를 어떻게 처리해야 좋을지 잘 모르는 사람이 많다는 점입니다. 세상에는 학교 폭력을 당한 뒤 마음의 상처를 안고 살아가는 어른도 있어요. 이런 어른 중에는 학교 폭력에 대해 생각하기조차 귀찮아하는 사람도 많습니다. 어떤 어른은 오히려 피해 학생을 비난하기도 합니다. 우리 사회에 남아 있는 고정 관념과 편견, '사내 녀석이 남자답게 굴어야지. 그 정도 일로 뭘 그래?' 같은 생각에 사로잡혀 있기 때문이지요. 하지만 학교 폭력의 실상을 객관적 시각으로 바라보는 어른들도 많습니다. 도움을 줄 수 있는 어른도 분명 많지요. 어른과의 대화가 문제 해결에 별 도움이 되지 않았다고 해서 그냥 포기하지 마세요. 고민을 털어놓을 만한 다른 어른을 잘 찾아보세요.

학교 폭력에 대처하는 방법

누군가가 나를 괴롭힌다면 일단 화부터 나겠지요. 하지만 그들과 같은 방식으로 맞서지 마세요. 캐나다에서 학교 폭력 근절 운동가로 활동하는 롭 프리네트에 따르면 가해 학생에게 그들과 똑같이 폭력으로 맞서 봐야 상황만 더 악화된다고 합니다. "악에 대해 악으로 대응한다면 상황은 개선될 수 없어요. 공격의 형태로 되갚아 준다면 문제는 더 심각해질 거예요." 사실 가해 학생의 상당수가 피해 학생의 반응에 즐거워합니다. 피해 학생의 반응을 보고 자신이 피해 학생에게 힘을 행사하고 있다고 느끼거든요. 가해 학생들에게 만족감을 주지 마세요. 그 대신 롭이 제안하는 다음의 방법을 사용해 보세요.

문제 학생이 내 앞에 얼쩡거릴 때

- 그냥 무시하고 지나가세요.
- 칭찬을 해 주고 관심을 다른 곳으로 돌리세요.
- 다른 친구와 함께 다니세요. 여럿이 모여 있을 땐 괴롭히기가 쉽지 않아요.
- 도움을 줄 만한 사람에게 사실을 알리세요.

학교 폭력 현장을 목격했을 때

- 서둘러 가까운 어른에게 알리세요.
- 언어 폭력을 당하는 친구가 있다면 그 옆에 함께 있어 주세요.
- "그만해!"라고 당당히 말하세요.
- 피해 학생이 누구인지 알아 두세요.

>> 이것만은 분명히 기억하세요.

만약 학교 폭력의 피해자라면 꼭 기억하세요. 학교 폭력을 당하는 것은 절대 내 잘못이 아니에요. 내가 나약하거나 성격에 문제가 있어서 학교 폭력의 피해자가 된 게 아닙니다. 다른 사람을 올바른 방식으로 대할 줄 모르는 가해 학생이 문제지요. 내가 누구든, 어떤 행동을 했든 그것이 폭력을 당해야 하는 정당한 이유가 될 수는 없어요. 모든 잘못은 가해 학생에게 있습니다. 대부분의 학교 폭력은 가해 학생이 안고 있는 문제로 인해 벌어진다는 점을 꼭 기억해 두세요.

>> 혹시 여러분이 가해자 입장인가요?

자신이 학교 폭력의 주범이라고 믿고 싶은 사람은 아무도 없을 거예요. '학교 폭력 가해자', 참 무서운 단어지요. 자신이 그 정도로 나쁜 사람은 아니라고 확신하고 있을 거예요. 누구를 때린 적도 없고, 돈을 빼앗지도 않았으니까요. 하지만 잠깐 생각해 봅시다. 혹시 친한 친구들과 같은 반 학생을 괴롭힌 적은 없나요? 그때 나는 무엇을 하고 있었지요? 같이 괴롭히지는 않았나요? 같은 반 학생의 옷을 강제로 벗기고 그 애의 반응에 재미있어 하지는 않았나요? 그 애가 울던가요, 아니면 화를 내던가요?

학교 폭력은 본래 돌고 도는 생리가 있어요. 오늘의 피해자가 내일은 가해자로 변해 있기도 하지요. 인간관계란 복잡하기 짝이 없어요. 우리는 모두 자신만의 문제를 겪으면서 살아가고, 그 문제 때문에 사람들과 부딪히게 마련이니까요.

- 부모님은 늘 고함을 치세요. 이제는 그런 상황에 이골이 났어요.
- 내 쪽에서 먼저 상대를 괴롭히지 않으면 상대가 나를 얕잡아 볼 거예요. 그러면 결국 내가 괴롭힘을 당하게 되겠지요.
- 가해자의 입장에 서면 권력과 인기를 얻을 수 있어요. 뿌리치기 힘든 유혹이지요.
- 좋아하는 친구가 함께 못된 짓을 하자고 부추겨요. 그런데 거절하기가 힘들어요.
- 요즘 내 인생이 좀 꼬였어요. 되는 일이 없어서 화가 나요. 화풀이 대상이 필요해요.
- 나 자신이 마음에 안 들어요. 낙오자가 된 것 같은 기분이 들어요.

어때요? 혹시 이런 생각을 하고 있진 않나요?

>> 학교 폭력 가해자는 알고 보면 그렇게 강하지 않아요

학교 폭력을 주도하거나 패거리의 리더 격인 친구는 겉보기와는 달리 마음이 안정된 상태가 아닙니다. 이 친구들은 가정 환경에 문제가 있거나 학교생활에 대한 자신감이 부족한 경우가 많지요. 믿을 만한 사람이 없다고 느끼는 경우도 많고요. 그 와중에 자신의 기분을 전환해 줄 한 가지 방법을 발견해 낸 거예요. 바로 친구의 기분을 망치는 일이지요. 친구를 신체적 혹은 언어적으로 공격하고 싶은 충동을 느끼는 사람이 있나요? 혹시 그렇다면 담임선생님, 부모님, 삼촌, 학교 상담 교사

등 도움이 될 만한 어른을 찾아가 대화를 나눠 보세요. 처음에는 마음속 얘기를 털어놓기가 힘들 수도 있겠지요. 하지만 우리는 행복해질 권리가 있어요. 주저하지 말고 적절한 도움을 청하세요.

>> 몇 명의 좋은 친구들이 도움이 됩니다

알고 있나요? 내 마음을 이해하는 친구가 꼭 여러 명일 필요는 없어요. 인기투표에서 받은 점수가 내 행복지수의 바로미터가 되는 것은 아니랍니다. 진정한 나 자신이 되어, 인기와 상관없이 행복하게 살아가려면 무엇이 필요할까요?

- 마음을 나누는 친한 친구 한두 명이 수백 명의 페이스북 친구보다 낫습니다. 양보다 질이니까요.
- 수많은 논문에 따르면 타인으로부터 사랑받는다고 느끼고, 사람들과 어울리는 것을 좋아하는 사람이라도 대인 관계는 늘 어려운 숙제로 다가온다고 합니다. 그러니까 최대한 긍정적인 자세로 생활하세요.
- 일상의 변화가 언젠가 꼭 찾아온다는 사실을 믿으세요. 지금은 친구와 잘 어울리지 못해 힘이 들 수도 있겠지요. 하지만 기다려 보면 나의 농담에 웃어 주고, 여러분과 비슷한 패션 감각과 음악 취향을 가진 친구를 만날 날이 옵니다

잠깐!

사이버 폭력에 대해 알아봅시다

사이버 폭력은 인터넷상에서 다른 학생에게 가하는 조롱과 위협, 각종 괴롭힘을 말합니다. 사이버 폭력 역시 얼굴을 마주하고 저지르는 폭력 못지않은 해악을 끼쳐요. 사이버 폭력의 가해자들은 주로 인터넷상에서 피해자에게 직접 음해성 메시지를 보냅니다. 피해자와 관련된 낯 뜨거운 내용을 다른 사람에게 공개하기도 하지요. 심지어 컴퓨터 바이러스를 보내거나 오히려 자기가 피해자 행세를 하며 증오에 찬 댓글을 올리기도 해요.

사이버 폭력의 피해자가 되지 않으려면 몇 가지 조심해야 할 사항이 있습니다. 우선 이메일이나 페이스북 그리고 휴대폰 계정의 비밀번호가 유출되지 않도록 신경 써야 합니다. 신뢰할 수 없는 사람과 개인 정보를 공유하지 마세요. 틈나는 대로 나에 대한 이상한 글이 올라오지 않았는지 점검하시고요.

생각해 봅시다!

학교에서 친구들과 어울리기 위해 마음에도 없는 거짓말을 한 적이 있나요? 아니면, 누구를 속이거나 험담하고 물건을 훔친 경험은요? 친구를 사귀기 위해 어떤 행동까지 해 보았나요?

사춘기에 느끼는 첫사랑의 감정은 사실 나중에 진짜 애인이 생겼을 때를 대비한 연습 단계의 감정이라고 해요. 현재 마음에 둔 친구와 잘 안 풀렸더라도, 다시 노력해 볼 수 있는 내일이 있다는 이야기지요. 내 앞에 주어진 시간이 무궁무진하다는 점을 잊지 마세요.

PART 7

첫사랑에 빠진 것 같아요

나 너를 좋아해! 설렘과 두려움 그리고 기쁨

요즘 들어 부쩍 피곤하고 졸립니다. 밤에 잘 준비를 마치기가 무섭게 침대에 쓰러지고는 해요. 하지만 막상 잠을 청하려 하면 자꾸만 어떤 아이의 얼굴이 떠올라 잠을 이룰 수가 없어요. 내일 학교에 가면 어떻게 그 아이와 우연을 가장해 마주칠 수 있을까, 혼자서 상상의 나래를 펼치게 됩니다. 그 아이가 혹시 내 이마에 난 여드름을 보면 어쩌나 걱정도 이만저만이 아니지요. 이러다가 심한 집착으로 발전할까 봐 고민도 됩니다.

그런데 이 모든 일은 지극히 자연스러운 현상이에요. 사춘기가 찾아오면 호르몬 분비가 왕성해지면서 지금까지 경험해 보지 못했던 새로운 시각으로 사람을 바라보게 되지요. 때로는 그 감정의 강도가 점점 커지기도 하고요.

첫사랑에 빠졌어요

어린아이였을 때는 가족들의 관심과 애정만으로도 충분히 행복할 수 있었어요. 하지만 사춘기가 되면 우리의 몸은 가족 이외의 타인에게서 '특별한' 애정을 찾으라고 속삭여요. 멋진 일이지요. 가족이 아닌 누군가와 강한 유대감을 느끼는 것은 어른이 되어 가는 과정 중 하나입니다. 하지만 사춘기에 이러한 감정에 빠지면 온갖 종류의 고민과 걱정이 뒤엉켜 마음이 어지러워지지요.

누군가를 좋아하면 상대가 가까이 다가오기만 해도 예민해집니다. 약간 더운 것도 같고, 땀이 흐르면서 살짝 흥분도 되지요. 이런 것을 연애 감정에 빠졌다, 다시 말해 '사랑에 빠졌다.'라고 해요. 사랑에 빠지면 복잡한 감정들이 뒤섞이기 때문에 기분을 조절하기가 상당히 어려워집니다.

- 좋아하는 아이에게 다가가 말을 걸고 싶어요. 그런데 막상 상대가 가까이 다가오면 달아나 숨고 싶어요.
- 만약 상대방도 나를 좋아한다면 어떻게 해야 할까요? 서로 같은 마음이라면 어떻게 대해야 좋을지 모르겠어요. 아마 그러한 상황이 닥치면 안절부절못할 거예요.

정말 복잡하지요? 그런데 여자 청소년들은 남자들이 사랑에 대해 여자와는 다르게 받아들인다고 생각합니다. 흔히 여자 청소년들은 "그 애가 원하는 건 스킨십이 전부인 거 같아요."라거나 "그 애는 항상 나를 놀려요. 아마 나를 좋아하지 않나 봐요."라고 말하지요.

남자 청소년 역시 사랑에 대한 여자들의 생각이 남자들과는 많이 다르다고 믿고 있어요. "그 애는 날 좋아하지 않는 게 분명해요. 먼저 말을 건네는 법이 없거든요." 라든가 "내가 약간 거리를 두고 냉담한 척하면 오히려 나를 더 좋아할지 몰라요."

라고 말합니다.

여러 가지 혼란스러운 편견과 선입견들 때문에, 많은 10대들이 첫사랑을 경험하면서 다양한 실수를 저지르고 맙니다. 그중 가장 많은 실수가 내가 좋아하는 상대가 정작 내게 관심을 보이면 아무 말도 못 하고 바짝 얼어붙는 것이지요. 어떤 경우에는 잔뜩 긴장한 나머지 마음에도 없는 못된 말을 하기도 해요. 솔직하게 진심을 표현하기란 너무나 힘듭니다.

그런데 기뻐할 사실이 하나 있습니다. 사춘기에 느끼는 첫사랑의 감정은 사실 나중에 진짜 애인이 생겼을 때를 대비한 연습 단계의 감정이라고 해요. 현재 마음에 둔 친구와 잘 안 풀렸더라도, 다시 노력해 볼 수 있는 내일이 있다는 이야기지요. 내 앞에 주어진 시간이 무궁무진하다는 점을 잊지 마세요.

또 첫사랑의 경험이 가져다주는 흥미로운 감정들을 있는 그대로 즐겨 볼 수도 있어요. 아직 준비가 되어 있지 않은 상황은 가급적 피하면서 즐거운 감정만 느껴 보는 거예요. 여자 청소년들이 인기 있는 연예인 한 명을 점찍어 열광하는 일도 이러한 맥락에서 이해할 수 있습니다. 연예인은 어차피 상상 속의 연인일 뿐 아주 안전한 상대니까요.

>> 아무도 날 좋아하지 않아요!

서두르지 말고 조금만 기다려 보세요. 미국에서 실시한 조사에 따르면 18세 미국 청소년 중 약 80퍼센트가 최소 한 번 이상의 진지한 연애 경험이 있다고 합니다. 또한 약 75퍼센트가량의 성인이 결혼을 하지요. 만약 결혼하기를 원한다면 나도 누군가와의 연애 끝에 결혼할 가능성이 충분하다는 이야기예요. 많은 사람들이 연애도 하고 결혼도 하고 있으니까요. 물론 원하지 않으면 굳이 결혼할 필요는 없습니다. 결혼을 할지 안 할지 여부를 지금 당장 결정할 필요는 더욱 없고요.

첫사랑 맞나요?

학교에 가면 너나없이 누가 누구를 좋아한다는 이야기뿐입니다. 그런데 정작 자신의 감정에 대해서는 잘 모르겠다고요? 내 감정이 과연 첫사랑의 감정인지 어떻게 알 수 있을까요?

유독 어떤 사람이 자꾸 생각납니다
그 사람 생각이 머릿속에서 떠나지 않아요. 상대의 모습과 말투가 자꾸 떠오르고 다시 보고 싶어 안달이 나요.

흥분되고 행복해요
기분이 들뜨고 식욕이 떨어져요. 잠도 잘 오지 않아요. 상대가 옆에 없을 때조차 늘 가슴속에 한 줄기 빛이 자라고 있는 것 같아요. 하루하루가 너무 흥미진진하고 재미있어요.

집중할 수가 없어요

과제에 집중하기가 힘들어요. 그 사람 생각을 하느라 어느새 마음은 엉뚱한 곳에 가 있지요. 흥분과 떨림이 사라지지 않아요.

외모와 행동에 부쩍 신경이 쓰여요

상대가 곁에 있으면 특히 더 그래요. 곁에 없을 때조차 늘 외모에 대한 생각뿐이에요. 언제 어떻게 그 사람과 마주칠지 모르기 때문에 외모와 행동에 대한 관심의 끈을 놓을 수가 없지요.

그 사람과 만날 기회를 항상 노리고 있어요

수업을 들으러 가는 길에 상대를 볼 수 있는 곳을 일부러 지나가요. 시간을 정확히 계산해야 해요. 한 번이라도 더 보고 싶고 인사라도 건네고 싶으니까요.

그 사람에 대한 이야기를 자주 해요

얼마나 자주 했던지 친구들은 내가 그 사람 이름만 꺼내도 어이없다는 표정을 지어요. 혹은 친구들과 대화할 때 내 마음은 숨긴 채 상대의 이름만 슬쩍 꺼내 보기도 합니다.

점쟁이를 찾아가 상대와 나의 미래를 점쳐 보아요

"아니 그렇게까지?"라고 생각하는 사람들도 있겠지요? 나도 불과 몇 달 전까지 말도 안 되는 일로 치부하던 행동이었어요. 그런데 지금 내가 그 말도 안 되는 일을 하고 있네요?

사랑인가요, 열정인가요, 아니면 다른 무엇인가요?

'첫눈에 반한 사랑'이란 말을 들어봤나요? 이미 첫눈에 사랑에 빠져 본 경험이 있다고요? 그런데 첫눈에 반했다는 말은 사실 거짓말에 가깝습니다. 현실에서 사랑이라는 감정은 시시각각 변하거든요. 처음 만난 순간부터 진실하고 완벽한 사랑이 존재할 수도 있겠지만 슬프게도 아주 드물지요. 생물 인류학자이자 러트거스 대학의 교수인 헬렌 피셔에 따르면 사랑의 감정은 일정한 과정을 거친다고 해요. 그 과정은 다음과 같습니다.

• 과정 A 강한 끌림

피셔 교수는 강한 끌림을 '열정'이라 불러요. 열정은 단순히 상대의 얼굴이나 몸매에 마음을 빼앗기는 일을 말합니다. 그 사람과 대화를 해 본 적이 없더라도 그저 옆에 있는 것만으로도 마음이 들뜨지요. 때로는 이 과정에서 멈추는 경우도 있어요. 더는 아무런 진전 없이 마음만

들뜨다 말지요. 물론 전혀 문제될 것은 없어요. 열정은 그 자체로도 즐거우니까요. 또한 내가 어떤 사람에게 끌리는지 알아낼 수 있는 기회도 됩니다.

• 과정 B **사랑이 찾아오다**

마침내 그 애와 데이트를 하게 되었습니다. 모든 일이 순조롭게 잘 풀리고 있어요. 서로에게 마치 자석처럼 끌립니다. 늘 꿈꾸던 바로 그 사람을 만난 기분이지요. 상대에 대한 감정이 점점 커집니다. 이 세상 누구보다 소중한 사람으로 느껴져요. 일생일대의 진정한 사랑이 드디어 찾아온 것일까요? 이렇게 완벽하다니요. 그 사람의 결점까지도 너무 귀엽고 특별하게 여겨집니다. 그 사람과의 관계가 평온할 때는 무한한 행복을 맛봅니다. 그런데 조금이라도 다투면 끔찍한 감정을 경험하게 돼요.

• 과정 C **단단한 결속**

와, 드디어 해냈어요. 서로 굳건한 연인으로 정착하게 되었어요. 이 단계에 도달하면 마음이 편안하고 차분해집니다. 안정적 상태를 누리며 둘이 함께할 미래를 설계합니다.

>> 단순한 끌림인가 아니면 집착인가?

이성에게 이끌리는 것은 지극히 정상적인 일입니다. 그런데 혹시 이성에 대한 관심이 건강하지 못한 집착으로 진행되고 있는 건 아닐까요? 다음과 같은 증상을 보이면 집착을 의심해 봐야 합니다.

- 끌리는 상대를 계속 쳐다보아서 상대방을 몹시 불편하게 만들어요.
- 상대방이 거절했는데도 계속해서 데이트를 신청해요.
- 아무 반응도 보이지 않는 상대에게 계속해서 전화하고 이메일과 문자 메시지를 보내요.
- 상대가 내게 별 관심을 보이지 않아 우울하고 화가 나요.
- 점점 분노가 치밀고 상대에게 심한 말을 퍼붓고 싶어집니다.

만약 누군가에게 위와 같은 집착 증상을 보이고 있다면 가까운 친구나 형제자매, 부모님과 대화를 나눠 보세요. 대화를 통해 해결책을 찾기도 하니까요. 하지만 다른 사람에게 속마음을 털어놓기가 불편하다면 이 사실만 기억해도 도움이 될 거예요. 집착은 절대 건강한 정신 상태가 아니에요. 상대방을 당혹스럽게 만들고 심지어 두려움에 떨게 할 수도 있습니다. 더군다나 집착 상태에 빠지면 본인 역시 불행해져요. 삶이 통제 불능이 되어 버립니다. 서둘러 집착 상태에서 벗어나야 해요.

연애걸기

이렇게 가정해 볼게요. 내가 지금 어떤 사람에게 끌리고 있어요. 그런데 상대방은 내 존재를 인식조차 못 하고 있는 것 같아요. 그럼 어떻게 해야 할까요? 모닥불이라도 피워서 알릴까요? 아니면 한밤중에 찾아가 사랑의 세레나데라도 불러야 할까요? 좋은 방법이 하나 있어요. 바로 몸짓 언어를 사용하는 거예요.

관심 있는 상대에게 그 관심을 표현하는 몸짓을 보내는 것은 인간의 본능이에요. 자연의 섭리이기도 하고요. 몸짓 언어는 연애가 시작되는 첫 단계로 볼 수도 있습니다. 그런데 유혹의 몸짓을 사용하는 사람이 정말 흔할까요? 2004년 영국 옥스퍼드 대학 사회적 이슈 연구 센터(Social Issues Research Centre)에서 젊은이 천 명에게 구애의 몸짓을 해 본 경험이 있는지 물었어요.

- 응답자의 99퍼센트가 살면서 최소 한 번 이상 몸짓으로 이성에게 관심을 표현할 적이 있다고 답했어요.
- 응답자의 3분의 1 이상은 '오늘' 혹은 '지난 일주일 동안' 이성에게 관심을 표현하기 위해 몸짓 언어를 사용한 적이 있다고 답했어요.

몸짓 언어는 인류가 공통으로 사용하는 보편적인 언어이기도 합니다. 아프리카 원시 부족에서 미국 뉴욕에 사는 시민에 이르기까지 세계 어디서나 이성에게 구애하는 몸짓을 볼 수 있지요. 상대방의 관심을 끄는 행동은 다음과 같아요.

- 강렬한 눈빛 발사
- 미소
- 머리 매만지기
- 고개를 옆으로 기울이기(여자 청소년)
- 흉부를 앞으로 내밀기(남자 청소년)

여기서 관계가 더 진행되면 다음과 같은 행동으로 표현되죠.

- 윙크하기
- 깔깔대며 웃기
- 애교 부리기
- 놀리기
- 문자 메시지나 쪽지 보내기
- 상대방과 우연히 마주칠 방법 찾아내기

>> 그 여자애가 먼저 시작한 거라고요!

그 말이 어쩌면 맞을 거예요. 연구에 의하면 여성이 먼저 소위 '작업'을 걸어오는 비율이 전체의 3분의 2가량 된다고 하니까요. 여성이 관심의 신호를 보내는 것조차 알아차리지 못하는 남성도 많지요. 남녀 사이에 서로 호감을 표현하는 장면을 사람들에게 보여 주는 실험을 실시했어요. 실험에 참가한 사람들은 주로 남성이었지요. 그런데 놀랍게도 남성 참가자들은 화면 속 남성들의 행동에 대해서만 언급했어요. 고작 세 명의 남성 참가자만이 화면 속 여성들의 행동을 알아차렸지요. 그런데 흥미로운 점은 이 화면 속 여성들이 상대 남성에게 호감을 표현하는 행동을 무려 52가지나 보여 주고 있었다는 사실이에요. 재미있지요?

>> 용기를 내세요!

상대에게 내 감정을 분명하게 표현하고 싶지만 거절당할까 봐 두려운가요? 당연히 거절이 두려울 수 있어요. 하지만 어떻게든 상대의 마음을 확인해 봐야지요. 운이 좋으면 거절당하지 않을 수도 있잖아요. 2010년에 재미있는 실험이 있었습니다. 몇 명의 연구원이 거리에 나가 낯선 사람에게 다가갔어요. 그러고는 "안녕하세요? 제 이름은 김○○(각자 자기 이름을 말했겠죠)예요. 당신이 너무 매력적으로 보여서 말이에요. 혹시 주말에 저와 데이트할 생각 없으세요?"라고 물었지요.

전혀 모르는 사람에게, 그것도 길거리에서, 이런 황당한 멘트를 날리다니! 사실 연구원들은 보통 정도의 외모에 별로 특별할 것 없는 사람들이었어요. 그런데도 낯선 사람 중 68퍼센트가 데이트 신청을 받아들였고, 무려 43퍼센트의 여성이 이러한 접근 방법이 마음에 든다고 말했어요.

이와 유사한 실험은 이전에도 있었어요. 그때도 응답자의 약 50퍼센트가 데이트 신청에 긍정적 반응을 보였지요. 평범한 외모를 가진 사람이 낯선 이에게 데이트 신청을 했는데 이 정도면 꽤 긍정적인 결과가 나온 셈이지요? 더구나 서툴기 그지없는 말을 하면서 다가갔는데 말이에요. 그러니까 용기를 내세요. 낯선 사람에게도 이렇게 호의적인데 매일 나와 눈이 마주치는 그 사람에게 용기를 내서 다가가지 못할 이유가 어디 있겠어요? 꽤 승산 있는 게임으로 보이는데요. 안 그래요?

용기를 내고 싶어요. 그런데…

나에게 끌리는 상대가 있고, 상대방도 내게 관심이 있다고 해 봅시다. 상대가 나에게 온갖 호감의 표시를 보내고 있어요. 미소를 짓고 계속 눈도 마주치고 말이지요. 그런데 한 가지 문제가 있어요. 서로 한 번도 말을 해 본 적이 없다는 거예요. 초등학교 2학년 때 이후로 쭉 그랬어요. 그렇다면 이제 어떻게 하면 좋을까요? 더욱이 내가 수줍음을 타는 편이라면?

수줍음을 많이 타는 것과 내향적인 것은 차이가 있어요. 내향적인 사람은 다른 사람과 잘 어울리면서도 혼자 있는 시간을 즐기지요. 반면 수줍음을 많이 타는 사람은 남과 어울리고 싶은 마음은 굴뚝 같지만 방법을 잘 모르는 경우가 많아요. 아예 남과 어울리는 상황 자체를 불편해하는 사람도 있어요.

상대방의 눈에는 내가 그저 조용하고 쭈뼛거리는 모습으로 보일 거예요. 그러나 나의 감정은 전혀 그렇지 않지요. 사방에서 경고음이 울리는 것 같은 느낌을 받고, 심하면 위장에 통증이 느껴지고 머리도 아파요. 하지만 그놈의 수줍음 때문에 감히 상대에게 다가가 말을 건넬 생각은 할 수도 없지요.

실제로 수줍음이 많은 사람은 인생을 살아가기 버거울 때가 많아요. 원하는 일이 있더라도 선뜻 용기를 내지 못하니까요.

» 수줍음은 극복할 수 있어요!

좋아하는데도 다가서지 못하고 애만 태우고 있자니 너무 답답하지요? 하지만 아주 흔하고, 자주 있는 일이지요. 과연 이 수줍음을 극복할 방법은 없을까요? 있어요! 우선 사소한 화제를 잡아 상대와 대화를 시작하세요. 상대방과 내가 공통적으로 관심을 가질 만한 내용을 찾아 대화를 시도해 보는 거예요. 학교 선생님이나 국어 숙제에 대한 얘기도 괜찮아요. 둘이 함께 속해 있는 동아리 얘기도 좋겠네요. 처음부터 상대에 대한 모든 것을 알아내겠다는 욕심을 낼 필요는 없어요. 일단 시작이 중요한 거니까요.

지금 내 마음을 끄는 상대가 꿈에 그리던 바로 그 사람이라고 생각하고 있지요? 그런데 정말 나와 어울리는 사람인지는 아무도 모를 일이에요. 대화를 통해 서로를 더 알아 가야 확실히 알 수 있는 문제지요. 그 점을 염두에 두고 관계를 시작한다면 마음의 부담이 훨씬 덜 하겠지요?

생각해 봅시다!

누군가를 좋아하는 마음과 좋아하는 것 같은 마음은 어떤 차이가 있을까요?

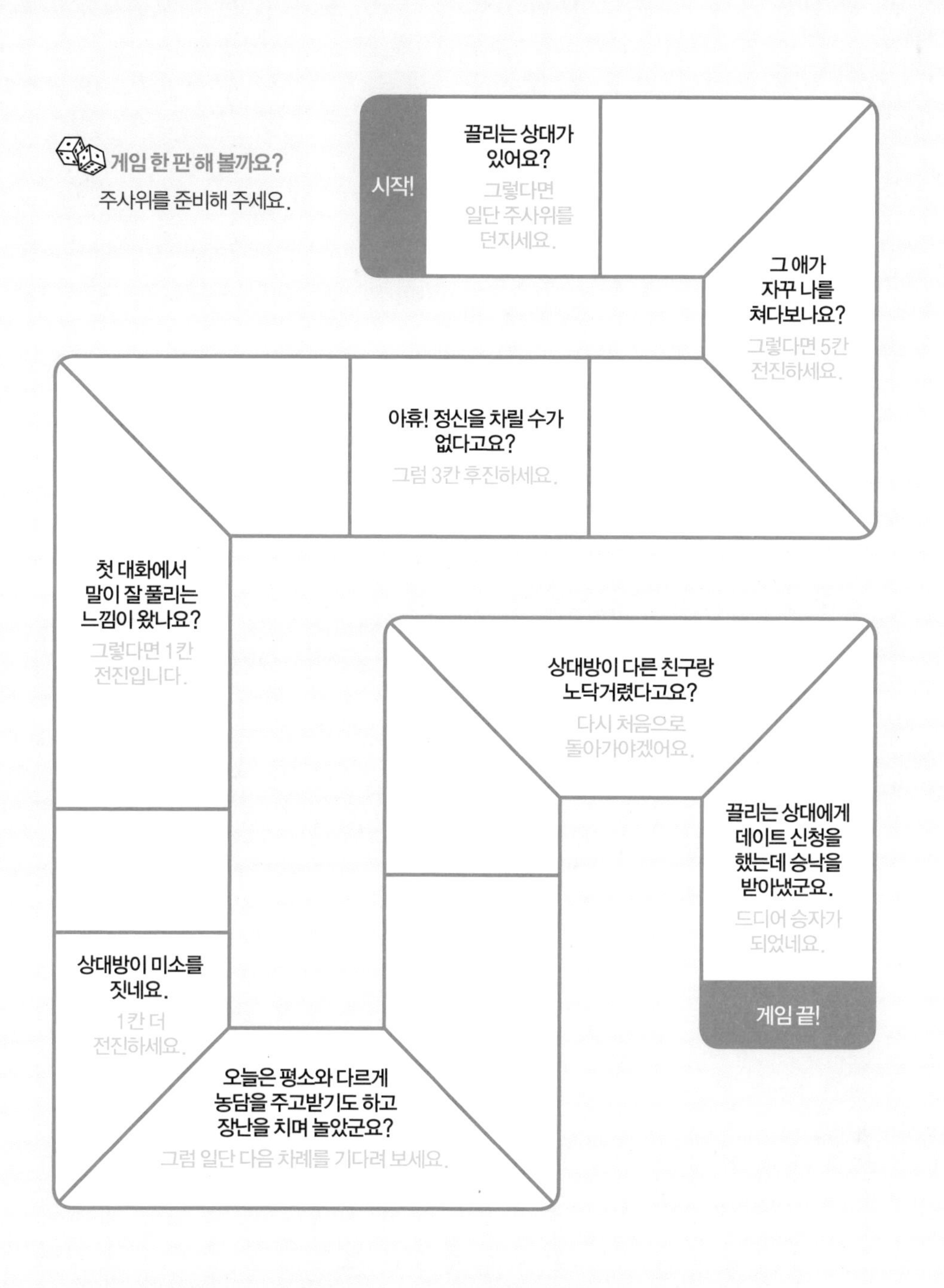

게임 한 판 해 볼까요?
주사위를 준비해 주세요.
시작!
끌리는 상대가 있어요?
그렇다면 일단 주사위를 던지세요.
그 애가 자꾸 나를 쳐다보나요?
그렇다면 5칸 전진하세요.
아휴! 정신을 차릴 수가 없다고요?
그럼 3칸 후진하세요.
첫 대화에서 말이 잘 풀리는 느낌이 왔나요?
그렇다면 1칸 전진입니다.
상대방이 미소를 짓네요.
1칸 더 전진하세요.
오늘은 평소와 다르게 농담을 주고받기도 하고 장난을 치며 놀았군요?
그럼 일단 다음 차례를 기다려 보세요.
상대방이 다른 친구랑 노닥거렸다고요?
다시 처음으로 돌아가야겠어요.
끌리는 상대에게 데이트 신청을 했는데 승낙을 받아냈군요.
드디어 승자가 되었네요.
게임 끝!

여전히 많은 사람들이 성소수자들을 차별하고 멸시합니다. 하지만 차별에는 정당한 이유가 있을 수 없어요. 그 어떤 이유를 막론하고 성소수자들을 배안시하는 행동은 분명히 잘못된 태도입니다. 사람은 누구나 타인의 차별과 멸시를 받지 않고 서로 사랑하는 삶을 누릴 권리가 있으니까요.

PART

8

사람마다 성적 지향이 다를 수 있어요

게이, 레즈비언, 양성애자, 이성애자, 트랜스젠더 그냥 있는 그대로 봐주세요!

생각에 잠겨 복도를 걷고 있는데 갑자기 어떤 아이와 부딪혔어요. 그 순간 그 아이가 이렇게 말합니다. “똑바로 보고 다녀, 이 게이 자식아.” “으, 더러워. 레즈비언하고 부딪혔어.” 기분 나쁘라고 던지는 말들이지요. 하지만 이런 말들이 정말 옳을까요? 아주 모욕적인 어조로 성소수자를 들먹이고 있네요. 게이? 레즈비언? 어디서 들어 본 단어이기는 합니다. 게이와 레즈비언에 대해 이미 잘 알고 있는 사람도 있을 수 있어요. 친구나 아는 사람 중에 게이나 레즈비언이 있어서 성소수자 문제가 그리 낯설지 않을 수도 있고요. 아니면 동성 친구에게 친구 이상의 감정을 느끼고 있는 사람도 있겠네요. 혹시 그 사실을 주변에서 알아차리지 않을까 걱정하고 있나요?

유독 성소수자 문제만 나오면 심하게 분노하고 적극적으로 차별에 앞장 서는 사람이 있어요. 반면 동성에게 사랑의 감정을 느끼는 사람들도 있지요. 과연 이 문제를 어떻게 바라봐야 할까요? 일단 성소수자와 연관된 용어부터 알아볼게요.

- **동성애** 자신과 같은 성별의 누군가에게 사랑의 감정을 느끼는 일
- **게이** 남성 동성애자
- **레즈비언** 여성 동성애자

- **양성애자** 이성과 동성 모두에게 성적으로 끌리는 사람
- **트랜스젠더** 본래 타고난 성별이 아닌 반대 성별로 자신을 인식하는 사람, 신체적으로 남성이지만 정신적으로는 여성이라고 느끼는 사람, 신체적으로는 여성이지만 정신적으로 남성이라고 느끼는 사람
- **이성애자** 자신과 반대되는 성별을 좋아하는 사람

>> 성 정체성은 언제 결정되나요

성정체성을 확신하기까지는 충분한 시간이 필요합니다. 물론 어린 시절부터 성정체성을 확신하는 경우도 있지만요.

- 자신이 동성애자인지 아니면 이성애자인지에 대해 어려서부터 줄곧 확실히 알고 있었다고 말하는 사람들도 있습니다.
- 일정 기간 자신이 이성애자인 줄 알고 살았지만 나중에 동성애자라는 사실을 깨달았다고 말하는 사람도 있습니다.
- 동성 친구와 키스나 포옹 등을 하는 청소년들이 있습니다. 일시적으로 동성에게 끌린 경우이거나 자신이 동성애자인지 확인하고 싶었던 경우이지요. 하지만 이러한 경우에는 대부분 성장하면서 이성과의 관계를 훨씬 편안하게 느끼게 됩니다.

시간이 걸릴 수 있어요!

10대 청소년이 동성 혹은 이성에게 성적으로 끌리는 현상은 지극히 정상입니다. 이 시기에 어느 쪽으로 감정이 기우느냐에 따라 성인이 되었을 때의 성적 지향을 가늠해 볼 수 있지요. 하지만 예외는 있습니다. 한 개인의 성적 지향, 즉 동성이나 이성 중 어느 쪽에 더 매력을 느끼는지의 문제는 하루 이틀에 결정되지 않습니다. 사람에 따라 성적 지향은 평생 일관되지 않을 수도 있어요. 자신의 성적 지향을 확신하는 데까지 충분한 시간이 필요한 사람도 많고요. 그러니까 초조해하지 말고 편안한 마음으로 기다리세요. 마음의 소리에 귀를 기울이다 보면 어느새 진정한 자신을 발견하게 될 테니까요.

아는 것이 힘!

성적 지향이 뭐예요?

성적 지향이란 이성, 동성, 양성 등에 끌리는 감정적, 성적 이끌림의 방향성을 말해요. 만약 어떤 사람이 이성에게 사랑을 느끼고 성적으로 끌린다면 그 사람의 성적 지향은 이성, 이성애라고 할 수 있습니다. 이것 하나만 꼭 기억하세요. 자신을 드러내지 않은 동성애자나 양성애자가 우리 주변에는 생각보다 많습니다. 우리는 알게 모르게 그들과 함께 살아가고 있어요. 가장 친한 친구나 형제자매가 성소수자일 수도 있어요. 그러니까 이들을 함부로 차별해서는 안 되겠지요?

어떻게 해야 할지 모르겠어요!

혹시 이런 상상을 해 본 적이 있나요? 자신이 여자인 줄 알았는데 어느 순간 남자의 몸을 가지고 있다는 사실을 깨달은 거예요. 이럴 때 어떤 기분이 들까요? 아마 상당히 혼란스럽고 두려운 마음마저 들 거예요. 트랜스젠더 청소년이 느끼는 기분이 바로 그래요. 물론 하루아침에 일어나지 않고 서서히 진행되는 일이긴 하지만요. 성적으로 어떤 성별에 끌리는지를 두고 '성적 지향'이라는 용어를 쑵니다. 그런데 '성정체성'이라는 말도 있어요. 성정체성이란 자신을 어떤 성별로 인식하는가에 대한 개념이지요.

성소수자 문제의 전문 상담가인 스티븐 솔로몬은 성정체성을 이렇게 설명합니다. "저는 남자로 태어났고 제가 남자라는 사실이 좋습니다. 그리고 스스로를 남자로서 인식하고 있고요. 그러니까 저의 성정체성은 남성이지요. 그런데 실제 자신의 몸의 성별과 다르게 성별을 느끼는 사람들이 있어요. 바로 '트랜스젠더'라고 부르는 사람들이에요. 제가 상담했던 트랜스젠더 청소년은 자기가 애초에 잘못된 몸을 가지고 태어났다고 말하기도 했어요."

LGBTQ가 뭐예요?

L(레즈비언), G(게이), B(양성애자), T(트랜스젠더), Q(성적 지향을 아직 찾지 못한 사람)를 의미합니다. Q를 빼고 LGBT로만 사용하기도 하지요. 한국어로는 '성소수자'라고 부른답니다. 한 개인의 성적 지향을 옳고 그름의 잣대로 판단할 권리는 누구에게도 없습니다. 다들 나름의 사연이 있으니까요.

사람은 아주 어린 나이에 자신의 성 정체성을 인식합니다. 트랜스젠더들도 마찬가지예요. 그들도 자신이 트랜스젠더라는 사실을 어릴 때 깨닫지요. 이러한 트랜스젠더 자녀를 둔 부모는 특히 아이의 사춘기를 염려할 수밖에 없어요. 그래서 서양에서는 트랜스젠더 자녀에게 의사의 처방에 따라 사춘기를 늦추는 약물을 먹이는 부모도 있습니다. 자신을 남자로 인식하는 트랜스젠더 청소년이 월경을 겪고 가슴이 나온다면 혼란을 느낄 테니까요. 사춘기를 몇 년 늦추기만 해도 혼란스러운 상황을 감당하기가 훨씬 수월해지지요.

캐나다의 LGBT 인권 운동가인 스티븐 솔로몬에게 물었습니다

지난 15년간 스티븐은 수많은 청소년과 성소수자 문제에 대해 상담을 해 왔어요. 많은 청소년들이 게이, 레즈비언, 양성애자, 트랜스젠더에 관해 다양한 질문을 했습니다. 다음은 청소년들이 가장 많이 궁금해했던 질문들입니다.

질문 동성애자가 되기로 결심하는 시기는 대략 언제쯤인가요?
답 이 질문에 대한 답은 아마도 "이성애자가 되기로 결심하는 시기가 대략 언제쯤인가요?"에 대한 답과 같지 않을까 싶군요. 다만 둘 사이의 차이점은 동성애자는 자신의 성적 지향을 사람들에게 드러냈을 때 부정적 반응을 경험할 확률이 높다는 것이에요. 그래서 자신의 진심을 한동안 숨기기도 하지요.

질문 제 친구 하나가 얼마 전 자신이 레즈비언이라고 밝혔어요. 전 그 애한테 뭐라고 말해야 할지 잘 모르겠어요.
답 그렇다면 망설이지 말고 이렇게 말해 주세요. "날 믿고 말해 줘서 고마워."라고요. 덧붙이자면 친구가 이런 고백을 했다고 해서 자신에게 특별한 감정이 있는 것으로 오해할 필요는 없어요.

질문 지금 제 마음속에서 일어나는 감정을 혼자 감당하자니 괴로워요. 누군가와 제 성정체성에 대해 솔직한 대화를 나누고 싶지만 어떻게 해야 할지 모르겠어요.
답 도움을 줄 만한 어른에게 상담하세요. 꼭 부모님이나 가족일 필요는 없어요. 담임선생님이나 상담 선생님, 도움이 된다면 가까운 이웃도 상관없어요. 또한 인터넷 사이트에서 궁금한 점을 찾아볼 수도 있고요. 한국에도 레즈비언과 게이, 그들의 가족이나 친구들이 모인 인권 단체나 상담소가 있어요. 그런 곳에서 도움을 받을 수 있을 거예요.

함께 사는 세상

캐나다에서는 이성애자 청소년의 무려 10퍼센트가 동성애자로 오해받아 집단 따돌림을 경험한다고 합니다. 성소수자라는 이유로 언어 폭력을 당하거나 심지어 두들겨 맞는 경우도 흔하다고 해요. 서양의 학교에서는 이러한 비극을 막기 위해 성소수자 학생들과 이성애자 학생들이 함께 힘을 모아 동아리를 만드는 일도 종종 있습니다. 성적 지향에 상관없이 누구에게나 안전한 학교를 만들기 위해 한 번쯤 시도해 볼 만한 일이지요.

사람들은 왜 성소수자를 위협하고 괴롭힐까요?

좋은 질문입니다. 사실 다른 사람이 누구를 사랑하든, 자기 자신을 어떻게 규정하든 당사자가 아닌 사람이 화를 내거나 차별할 문제는 아니지요. 하지만 동성애자나 트랜스젠더 문제는 아직까지 많은 사람에게 조금 예민한 주제입니다.

"너 게이 같아."라는 말이 상처가 되는 이유

아마 별 뜻 없이 장난으로 이런 말을 하는 사람이 많을 거예요. 친구들과 만나 컴퓨터 게임을 하는데 한 아이가 불쑥 이렇게 말해요. "야, 이 호모 자식아! 좀 비켜 봐. 너 때문에 지겠어!" 아니면 남들보다 조금 여성스러운 남자 친구를 놀리면서 이런 소리를 합니다. "아이고, 하는 짓이 영락없는 게이네."

그런데 무심코 던지는 말들이 성소수자 당사자에게 얼마나 상처가 되는지 아나요? '게이'니 '호모'니 하는 단어를 함부로 사용하면, 사람들에게 '게이'는 나쁜 것이고 아무렇게나 상처를 주어도 되는 사람이라는 느낌을 주게 돼요.

이렇게 생각해 볼까요? 내 이름이 민준이라고 해 봅시다. 지금까지 나는 이 이름을 아주 좋아했어요. 그런데 어느 날부터 몇몇 아이들이 내 이름에 모욕적인 느낌을 담아 부르기 시작합니다. "멍청이, 네 스웨터 완전 민준이 같아.", "너 어제 그 선생님 봤니? 너무 민준이 같지 않던?" 이런 상황이 된다면 기분이 어떨까요? 만약 동생 이름이 민준이였다면 어땠을까요? 그러니 입장 바꿔 곰곰이 생각해 보세요.

어떤 사람은 자신이 믿는 종교에서 동성애를 잘못된 행동으로 규정한다고 말합니다. 하지만 모든 종교가 다 그렇지는 않습니다. 성적 지향과 무관하게 모든 사람을 환영하는 종교 집단도 많습니다. 물론 동성애를 법으로 금지하는 나라도 여럿 있습니다. 하지만 그렇지 않은 나라도 많이 있지요. 세계 많은 지역에서 점차 변화의 바람이 불고 있는 것도 사실이고요.

가정에서 동성애를 어떻게 바라보느냐가 나의 생각에 영향을 주기도 합니다. 부모가 동성애를 잘못된 일으로 인식하면 자녀 역시 독립된 사고 능력을 갖추기 전까지는 부모와 같은 생각을 하기 쉽지요. 단지 좀 낯설고 어색하다는 느낌 때문에 동성애자를 불편해하는 사람도 있어요. 뭔가 익숙하지 않고 심지어 겁이 난다고 말하지요.

성별에 대한 고정 관념 역시 성소수자들을 괴롭히는 이유가 되지요. '남자아이는 파랑, 여자아이는 분홍'과 같은 사고방식에 젖은 사람에게는 동성애가 기존의 삶의 방식을 완전히 뒤엎는, 불편한 것일 수 있지요. 이러한 사람은 '남자가 같은 남자를 좋아하다니. 어떻게 그게 진짜 남자일 수 있지?'라거나 '아니, 여자란 모름지기 남자가 자기를 좋아해 주기를 바라야 하지 않나.'라고 생각하기 쉽지요. 그동안 우리가 보면서 자라 온 수많은 공주, 왕자 이야기에는 예외 없이 성별에 대한 고정 관념이 담겨 있었으니까요. 혹시 이런 생각을 하고 있다면 세상은 삶의 방식이 다른 다양한 사람이 모여 살아가는 곳이라는 사실을 꼭 기억하세요.

여전히 많은 사람들이 성소수자들을 차별하고 멸시합니다. 하지만 차별에는 정당한 이유가 있을 수 없어요. 그 어떤 이유를 막론하고 성소수자들을 백안시하는 행동은 분명히 잘못된 태도입니다. 사람은 누구나 타인의 차별과 멸시를 받지 않고 서로 사랑하는 삶을 누릴 권리가 있으니까요.

동성애 혐오증에 대해 알려 주세요

동성애 혐오증은 동성애자를 싫어하거나 두려워하는 증상입니다. 호모포비아라고도 부릅니다. 동성애 혐오증에 사로잡힌 사람은 동성애자에게 적대적이고 야비한 언어 폭력을 행사합니다. 더 나아가 신체적 폭력을 가하기도 하지요. 자신의 혐오감을 겉으로는 드러내지 않고, 차별하는 사람도 있습니다. 직원을 채용할 때 동성애자로 보이는 사람은 제외시키거나, 교사라면서 동성애자 학생이 집단 괴롭힘을 당하는 것을 알고도 아무런 개입을 하지 않는 거지요.
혹시 내가 동성애자인데 다른 친구들이 여러분을 괴롭힌다면 이 사실만은 꼭 기억하기 바랍니다. 잘못은 내가 아니라 동성애자를 혐오하는 사람에게 있다는 걸요.

학교 현장

동성애는 논란을 불러일으키는 민감한 주제입니다. '성'에 대한 이야기가 여전히 불편한 화젯거리로 여겨지는 문화권도 있어요. 특히 미성년자와 성에 대한 이야기를 나누는 일은 그 자체로 문제시되기도 합니다.

북미 지역에서는 성소수자에 대한 인식이 상당히 많이 바뀌었습니다. 사회 전반이 성소수자의 권리를 크게 보장하는 방향으로 나아가고 있지요. 텔레비전에서도 남자끼리 손을 잡거나 스킨십을 하는 모습이 흔히 등장합니다. 하지만 텔레비전

드라마와 실제 현실 사이에는 차이가 있지요. 이를테면 북미의 실제 학교 현장에는 여전히 동성애 혐오증이 남아 있는 실정입니다. 얼마 전 한국에서도 방영된 〈글리(Glee)〉라는 드라마가 있었습니다. 〈글리〉의 등장인물들은 자신이 동성애자라는 사실을 밝히고도 주변 사람에게 변함없는 사랑을 받습니다. 하지만 실제 학교 현장에서 동성애자는 조롱과 괴롭힘의 대상이 되는 일이 빈번하지요.

게이나 트랜스젠더인 10대 청소년이 사춘기 동안 얼마나 마음고생이 심할지 짐작이 가나요? 친한 친구들이 너도나도 이성 이야기에 열을 올리는데 성소수자 청소년들은 그 이야기에 전혀 관심이 없지요. 성소수자 청소년들은 그럴 때 소외감과 고립감을 느낀다고 해요. 더구나 남자답지 못하다며 욕먹고, 괴롭힘을 당하기 시작하면 상황은 더 힘들어집니다. 또 자신은 동성 친구에게 끌리는데 "이성 친구와 데이트하는 게 정상이야."라고 말하는 친구가 옆에 있다면 기분이 어떨까요? 화가 나고 부담스럽겠죠?

» 그 친구가 그렇게 힘들 줄은 몰랐어요

친구로부터 괴롭힘을 당하는 학생은 그렇지 않은 학생보다 자살 충동을 느낄 확률이 높습니다. 그런데 성소수자 학생이 집단 괴롭힘을 당하면 자살 충동을 느낄 확률은 훨씬 커집니다. 성소수자 학생은 교사를 비롯한 주변의 어른에게 피해 사실을 알리는 일을 두려워합니다. 성소수자라는 사실이 알려지면 자신을 이해하지 못하는 어른들에게 더 큰 괴롭힘을 당할지도 모른다는 두려움 때문이에요. 그래서 주변의 어른으로부터 도움을 받지 못한 채 고통을 참아 내는 경우가 많습니다.

일반적인 학교 폭력은 신체적 폭력을 가하거나 물건을 부수는 등 겉으로 확연히 드러나는 폭력이 대부분입니다. 하지만 동성애 혐오증에 의한 학교 폭력은 은밀하게 표출됩니다. 뒤에서 피해 학생에 대해 수군거리거나 친구들 모임에 그 학생만 부르지 않는 식입니다.

동성애자나 이성애자를 불문하고 자살을 고민하는 사람은 다음과 같은 특징이 있습니다.

- "나 같은 건 차라니 죽는 게 나아." "내가 죽으면 저 아이들도 후회하게 될 거야."와 같은 말을 합니다.
- 최근 들어 어딘가 부러지거나, 계단에서 굴러서 생긴 상처가 눈에 띕니다. 혹시 자해를 하는 게 아닌지 의심이 듭니다.
- 자기 물건을 사람들에게 전부 나눠 줍니다(정말 아끼던 물건까지 나눠 주지요).
- 평상시와 다른 방식으로 작별 인사를 건넵니다. 이를테면 안 하던 포옹을 하지요.
- 자꾸 약물이나 칼, 총 등에 관해 묻고 다닙니다. 다양한 자살 방법에 대해서 궁금해하지요.

>> 내 친구가 위험한 상황에 놓여 있어요

자살을 염두에 둔 사람이 전부 위의 경우처럼 티를 내고 다니지는 않습니다. 일단 자신의 감을 믿는 수밖에 없겠지요. 혹시라도 내가 아는 친구가 평상시와 다른 느낌으로 작별 인사를 하거든 서둘러 어른에게 알리세요. 선생님이나 부모님 혹은 친구의 부모님, 누구라도 상관없어요. 친구가 잠깐 장난을 친 것이라면 다행이겠지만, 만에 하나 실제로 자살할 생각이 있었다면 소중한 한 생명을 구하게 되는 셈입니다.

방관자가 되지 마세요!

벤 코헨은 세계적으로 유명한 럭비 선수입니다. 그는 현재 스포츠계에서 집단 괴롭힘과 동성애 혐오증을 근절하는 일에 헌신하고 있습니다. 많은 사람이 벤 코헨이 동성애자인지를 궁금해합니다. 벤 코헨은 동성애자가 아닙니다. 단지 모든 사람은 존중받아야 한다고 믿는 사람일 뿐입니다. 북미 지역의 아이스하키 리그에는 벤과 같은 생각을 하는 사람이 많습니다. 특히 '당신도 할 수 있어요(You Can Play)'란 명칭의 프로그램은 수많은 선수들과 전문가들의 지지를 받으며 동성애자 선수와 이성애자 선수의 협력을 이끌어 내고 있지요.
토론토 메이플 리프스(Tronto Maple Leafs, 캐나다 토론토 주의 프로 아이스하키 팀)에서 한때 단장을 역임했던 브라이언 버크는 "이성애자 선수가 동성애자 선수에게 먼저 마음을 열어야 합니다. 또한 동성애를 혐오하는 언어와 태도는 엄연히 잘못된 것이라는 인식을 가져야 합니다." 라고 말합니다. 브라이언은 아들 패트릭과 함께 성소수자들의 인권 증진을 돕는 이 프로그램을 전폭적으로 지원하고 있습니다.
개인의 성적 지향은 다른 사람이 왈가왈부할 문제가 아닙니다. 사람은 누구나 태어난 모습 그대로의 자신을 존중하고 사랑할 권리가 있습니다. 운동선수라고 해서 다를 게 없지요.

생각해 봅시다!

남자 친구가 다른 남자 친구를 좋아하면 무조건 게이일까요? 여자 친구가 같은 반 여학생을 좋아하면 무조건 레즈비언일까요? 왜 그렇게 생각하죠?

데이트 초반에는 상대가 최고로 멋져 보입니다.

PART 9

연애 잘하는 법을 알고 싶어요

쉿! 연애 잘하는 비결이 있어요
좋은 연인이 되고 싶다면 이것만은 꼭 알아두세요

밀고 당기고, 밀고 당기고. '밀당'이라는 말을 들어본 적이 있을 거예요. 연애 중인 두 사람이 서로 주도권을 놓치지 않기 위해 노력하는 일종의 기 싸움이지요. 세상에는 연애 감정이 싹트고 관계가 깊어져서 잠자리를 갖는 과정을 일종의 게임으로 여기는 사람들이 있어요. 이런 사람들에게 사랑은 다음과 같지요.

- 내가 현재 좋아하는 사람이 게임의 상대편입니다.
- 나는 상대편을 이기기 위해 게임에 참여한 선수가 되겠지요.
- 둘 사이에 벌어지는 모든 일은 일종의 경쟁인 셈이고요.

이런 관계를 건강하다고 할 수 있을까요? 이런 남녀 관계는 시작한 지 며칠, 몇 주, 혹은 몇 달을 버티지 못한 채 끝이 나곤 합니다. 많은 사람들이 알게 모르게 사랑을 일종의 게임으로 인식하기 때문이지요. 건강하고 행복한 관계란 누가 이기고 지는 차원의 문제가 아닙니다. 한 사람은 쟁취하고 나머지 한 사람은 포기하는 관계는 더욱 아니고요.

건강한 관계란 무엇인가요?

지속력 있는 건강한 관계를 맺기 위해서는 서로에게 정직해야 합니다. 내가 어떤 사람인지, 무슨 생각을 하고 있는지, 무엇을 좋아하는지 솔직하게 상대에게 보여 줄 수 있어야 하지요. 상대방이 중요하게 여기는 가치에 대해 충분한 대화를 나눌 필요도 있습니다. 상대방의 이야기를 귀 기울여 듣고 공감하며 존중을 표현할 수 있어야 하고요.

어떤 관계가 건강한 관계인지 감이 오나요? 그렇다면 실생활에서 건강한 관계는 어떤 모습일까요? 사례를 통해 알아봅시다.

사례1 나는 지금 데이트 중입니다. 상대에게 완전히 마음을 빼앗긴 상태예요. 상대와는 어떤 이야기를 해도 마음이 잘 맞는 것 같습니다. 상대는 내가 무슨 옷을 입든 누구와 친하게 지내든 그런 것에는 별 관심이 없어 보입니다. 오로지 나의 내면을 있는 그대로 좋아해 주기 때문에 함께 있을 때 기분이 참 좋습니다.

사례2 가끔 심한 농담을 하지만 내 눈엔 그것조차 귀엽게 보입니다. 학교 대표 농구 선수인 남자 친구는 얼마 전 중요한 경기에 져서 많이 속상해했어요. 그래서 나는 기분을 풀어 주려고 애를 썼지요.

다음은 건강하지 못한 관계입니다.

사례1 남자 친구와 늘 붙어 다니지만 남자 친구 때문에 항상 짜증이 납니다. 게다가 어울리지도 않는 보라색 티셔츠를 입고 나와서 사람을 당황하게 만듭니다.

사례2 데이트를 시작한 지 몇 주밖에 안 됐는데, 여자애가 진한 스킨십을 시도하려 합니다. 어떤 식으로 거절해야 할까요? 다른 남자애들은 오히려 이런 상황을 좋아하지 않을까요?

데이트 초반에는 상대가 최고로 멋져 보입니다. 오랜 시간 커플이 되기를 기다려 온 사람이라면 꿈이 실현되었다는 느낌에 며칠간은 정신도 못 차릴 거예요. 그런데 이게 정말 사랑일까요? 사랑인지 아닌지 어떻게 알 수 있을까요? 사랑인지 아닌지 제대로 판별해 내려면 시간이 필요합니다. 하지만 사랑을 깨닫는 데 걸리는 기간은 사람마다 다르지요. 아울러 진정한 사랑이라 말하기 위해서는 기본적으로 필요한 요소가 몇 가지 있습니다. 다 함께 살펴볼까요?

난 아직 마음의 준비가 안 됐어요!

아직은 데이트에 관심이 없다고요? 그렇다고 PART9를 그냥 넘어가진 마세요. 데이트가 아니더라도 친구와 관계를 맺을 때 알아 두면 좋을 내용이 많으니까요.

• **존중** '상호 존중'이라 표현해야 더 정확하겠네요. 상대는 늘 내가 얼마나 멋진 아이인지 깨닫게 해 줍니다. 나 역시 상대를 내 마음대로 바꿀 생각이 없어요. 우리가 데이트를 하기로 결심하는 데는 다 그럴 만한 이유가 있기 마련이지요. 반값에 먹을 수 있는 커플 할인 햄버거 때문에 데이트를 시작하는 사람은 없으니까요. 나는 상대의 유쾌한 농담과 착한 마음에 끌려 데이트를 시작했어요. 상대는 자신의 농담에 거짓 없는 미소를 짓는 내가 좋아서 데이트를 신청했대요. 그렇다면 상호 존중이 담긴 관계라고 할 수 있겠지요.

• **경청** 경청은 앞서 말한 존중과 일맥상통한다고 볼 수 있어요. 혹시 상대가 지나치게 사생활을 침범하려 들지는 않나요? 동의 없는 스킨십에 거부감을 표현하는데도 귀담아 듣질 않는다고요? 상대방 부모님이 귀가 시간에 엄격하시다는 사실을 알면서도 상대가 늦게까지 집에 가지 못하게 억지를 부리진 않나요? 좋은 관계란 상대방의 입장에서 잘 듣고, 상대방을 이해하는 데서 출발하는 거예요. 서로 동의한 원칙을 존중할 때 좋은 관계를 이루어 낼 수 있지요.

• **정직과 신뢰** 정직과 신뢰는 실과 바늘처럼 붙어 다닙니다. 자신의 감정에 대해 상대방에게 정직하게 표현하면 자연스럽게 신뢰 관계가 구축됩니다. 여자 친구가 내가 다른 친구와 데이트를 했다고 의심한

다고 해 봅시다. 평소에 충분히 신뢰를 쌓아 두었다면 오해를 풀기 더 쉬울 거예요. 하지만 과거에 신뢰에 금이 가는 행동을 한 적이 있다면 상대를 설득하기 쉽지 않겠지요. 다른 예를 들어 볼까요? 어느 날 친구와 쇼핑을 가려고 남자 친구와의 데이트를 취소했어요. 남자 친구에게는 공부하러 도서관에 간다고 거짓말을 했지요. 그런데 남자 친구가 그 사실을 알게 됐어요. 어떻게 해야 할까요? 서둘러 그럴 수밖에 없었던 이유를 정직하게 털어놓고 잃어버린 신뢰를 다시 회복해야 하겠지요.

• **삶의 균형** 와! 드디어 커플이 되다니! 신이 납니다. 이제 주변에서 그 애와 나를 한 쌍으로 보기 시작하지요. 늘 우리를 하나로 묶어서 생각해요. 그런데 잠깐만요. 과연 그래도 괜찮을까요? 바람직한 연인 관계란 두 사람이 함께 있어도 어느 정도의 거리를 유지해야 합니다. 각자의 가족, 친구, 취미 생활 등을 소홀히 대하고 좋아하는 사람하고만 함께 있으려 든다면 곤란해요. 친구들과 만나서 수다도 떨고, 자기만의 취미 생활도 계속하면서 나만의 생활 영역을 지켜야 합니다. 물론 연인과의 멋진 관계를 계속 누리면서요.

• **든든한 지원군** 누구나 힘든 일을 겪을 때는 의지할 사람이 필요합니다. 특히 동성애자라면 연인 이외에 자신의 감정 상태를 공유할 사람

이 더욱 필요하겠지요. 아무에게나 쉽게 마음을 터놓기가 어려운 상황이니만큼 편안하게 자신의 고민을 이야기할 사람이 한두 명은 있어야 해요. 지금 느끼는 감정이 과연 사랑인지 혼란스럽다고요? 지나치게 고민하고 걱정하지 마세요. 아직 젊으니까요. 풀리지 않는 고민은 잠시 접어 두고 솔직한 마음을 털어놓을 수 있는 친구와 함께 즐거운 시간을 보내세요.

>> 올바른 선택이 필요해요

위에 언급한 요소들에 대해 그다지 신경 쓰지 않는 사람도 많습니다. 하지만 이성애자든, 동성애자든, 트랜스젠더든, 양성애자든, 우리 모두가 연인과의 관계에서 원하는 것은 딱 하나입니다. 나를 진정으로 사랑하는 누군가가 나를 지지하고 존중하는 것이지요.

안타깝게도 모든 사람이 바람직한 상대를 연인으로 선택하는 것은 아닙니다. 누가 보아도 잘못된 상대를 고르는 사람이 종종 있지요. 특히 데이트 경험이 별로 없는 사람은 상대가 어떤 사람인지 신중히 따져 보지도 않고 그저 데이트를 하게 된 사실에만 흥분하기 쉽습니다. 누군가가 나를 데이트 상대로 선택해 주었다는 사실에 일단 우쭐해지지요. 하지만 사귀면 사귈수록 상대방과 나 사이에 공통점도 없고 상대방이 별로 친절하지도 않다는 사실을 깨닫고 말아요. 그러다가 점점 서로 흥미를 잃어 결국 둘의 관계도 끝이 납니다.

>> 혼자라도 상관없어요

다시 혼자가 되기 싫어 마음에도 없는 연인 관계를 지속하는 경우가 있어요. 남들이 자신을 여자 친구나 남자 친구가 있는 사람으로 봐 주기를 원해서 무의미하게 계속 만나기도 하지요. "이 사람 아니면 누가 나 같은 애를 만나 주겠어?"라는 말까지 하고 다니기도 해요. 바람직하지 않은 관계를 지속하다 보면 자기 파괴적인 생각들에 무너질 수 있습니다. 또한 상대가 좋은 연인이 아니어도 익숙한 관계를 포기하기 싫어서 관계를 끝내지 못하기도 하지요. 하지만 명심하세요. '익숙한 것'과 '좋은 것'은 엄연히 다릅니다. 그러므로 지루하고 무의미한 관계라면 용기를 내어 하루빨리 청산하세요.

잘못된 편견이 넘쳐 나요

서로를 아끼고 신뢰하는 관계는 쉽게 얻어지지 않습니다. 우리의 눈을 가리고

심한 말다툼을 했어요. 헤어지게 될까요?

심하게 말다툼을 했다고 해서 꼭 헤어지게 되는 것은 아니랍니다. 의견 불일치는 건강한 관계에서 늘 있기 마련이지요. 나에게 내 의견이 있듯이 상대도 상대방만의 의견이 있는 법이니까요. 모든 커플은 의견 충돌을 경험합니다. 그러다 도가 지나치면 헤어지는 경우가 생길 수도 있고요. 그러므로 말다툼에도 요령이 필요해요. 욕을 하거나 상대를 비하하는 발언, 협박과 같은 폭력은 절대 금물이에요. 그 대신 '말하고 경청하고 다시 말하는' 의사소통 과정이 필요하지요.

진정한 관계를 찾지 못하게 방해하는 편견이 도처에 널려 있으니까요. 대표적으로 대중 매체가 그렇지요.

여자 청소년은 대중 매체를 통해 이런 편견에 노출됩니다.

- 항상 화장을 하고 예쁘게 보여야 한다. 말을 너무 많이 하면 매력이 없어 보인다.
- 남자들이 원하는 건 오직 하나뿐이다. 바로 성관계.

남자 청소년은 이런 편견에 노출되고요.

- 사랑은 남자를 약하게 만든다.
- 상대에 너무 몰입하지 마라. 상대에게 거리를 두어야 주도권을 잡을 수 있다.

고정 관념은 사방에 흔히 보입니다. 여성 잡지나 텔레비전, 잡지나 인터넷에서도 쉽게 접할 수 있지요. 그런데 우리가 알고 있는 고정 관념이 과연 진실일까요? 정답은 '아니요.'입니다. 대다수 남녀가 실제 데이트 상황에서 느끼는 감정과는 거리가 있어요.

고정 관념에서 벗어나세요

우리 사회에는 성별에 따른 고정 관념이 얼마나 많은지 모릅니다. 이를테면 성관계를 원하지 않는 여성은 요조숙녀다(아니요. 그냥 성관계를 원하지 않을 뿐입니다), 남자는 강해야 하고 절대 울면 안 된다 등등 우리는 우리도 모르는 새에 수많은 고정 관념에 둘러싸여 살아갑니다.

누가 보더라도 고리타분한 고정 관념은 차라리 깨부수기 쉬울지 모릅니다. 사람들이 문제라고 생각하기 시작한 고정 관념은 더욱 그렇지요. 하지만 판단을 내리기 애매한 고정 관념들은 관계에 균열을 생기게 해서 결국 이별하게 만들 수도 있습니다. 다음의 예를 한번 살펴볼까요?

서연이는 어느 날 남자 친구에게 점심을 사주고 싶어 식당에 데려갔어요. 아마 이런 생각을 했겠죠. '와, 이 식당 정말 마음에 들어. 쌀국수 맛도 최고야. 민준이를 여기 데려오게 되어서 정말 흐뭇해. 오늘은 돈도 충분히 가져 왔으니까 내가 제대로 식사 대접 한번 해 줘야지.'라고 생각했죠. 서연이의 생각에 잘못된 부분이 있나요? 글쎄요. 전혀 모르겠는데요. 하지만 민준이의 생각은 좀 다릅니다. '와, 이 식당 정말 마음에 들어. 서연이 말대로 여기 쌀국수 맛은 최고야. 어? 그런데 왜 서연이가 밥값을 내고 있지? 남자인 나를 놔두고 뭐하는 거야? 기분 영 별로네.'

세상이 많이 좋아졌다고는 하지만 여전히 남자는 이래야 하고 여자는 저래야 한다는 식의 통념은 사라지지 않았습니다. 남녀가 데이트를 할 때 밥값은 당연히 남자가 내야 한다는 생각도 그중 하나지요. 민준이는 여자 친구가 밥을 산 행동이 좀 어색했나 봅니다. 아니 화가 났는지도 모르겠어요. 이 일이 있고 이틀 뒤, 민준이에게서 기분이 좀 울적하니 당분간 만나지 말자는 연락이 왔네요. 여자 친구가 점심 한번 샀다는 이유로 말이에요.

고정 관념으로 인해 어색한 기분이 들 때가 있다면 여자 친구(남자 친구)와 그 문제에 대해 솔직하게 대화해 보세요. 고정 관념을 떨쳐 버릴 수 있는 좋은 시간이 될 거예요.

» 남자 청소년 여러분! 중심을 잘 잡으세요

우리를 괴롭히는 고정 관념을 하나 더 밝혀 봅시다. 마음에 둔 여자애와 데이트를 시작하고 시간이 좀 흘렀습니다. 이제야 좀 친밀감이 생겨났지요. 이런 상황에서 갑자기 주변 친구들이 캐묻기 시작합니다. "너 진도 어디까지 나갔어?" 친구들의 말을 들어보면 다들 대단한 연애 박사라도 되는 것 같아요. 친구들과 얘기하다 보면 '내가 비정상인가?'라는 물음이 자연스럽게 생겨납니다.

그런데 별로 걱정할 필요는 없겠네요. 몇 년 전 소녀 잡지《세븐틴 *Seventeen*》

남자로 사는 것도 힘들어요

세상은 남자 청소년들에게 '남자다움'을 강요합니다. 남자는 강해야 한다. 감정을 표현해서는 안 된다. 남자는 똑똑해야 한다. 돈을 많이 벌어야 가장 역할을 제대로 할 수 있다 등등. 하지만 이와 달리 좋은 남자 친구가 되려면 자상한 태도를 지녀야 하고, 감정 표현에 서투르면 안 된다는 요구 역시 점점 늘어나고 있어요. 두 가지의 상반된 주장들 사이에서 남자 청소년들은 도대체 어떻게 행동할지 갈피를 잡지 못합니다.

에서 15세에서 22세 사이의 젊은 남성 1만 2천 명을 대상으로 설문 조사를 행했습니다. 그 결과 다음과 같은 사실이 밝혀졌지요.

- 응답자의 60퍼센트가 스킨십 경험에 대해 거짓말을 한 경험이 있다고 답했어요.
- 응답자의 30퍼센트는 '스킨십의 진행 정도'에 대해 거짓말을 한 적이 있다고 이야기했지요.
- 응답자의 78퍼센트는 주위 친구로부터 여자 친구와 어서 성관계를 하라는 압력을 받은 적이 있다고 고백했어요.

조사에 의하면 남자 청소년 세 명 중 한 명은 친구로부터 적극적인 스킨십 혹은 성관계에 대한 압력을 받는다고 합니다. 마음의 준비가 되어 있지도 않은데 말입니다. 하지만 크게 신경 쓸 필요는 없어 보이네요. 친구 역시 실제로는 별 경험이 없을 가능성이 높으니까요. 그러니까 자신만의 주관을 가지고 자신의 판단에 따라 행동하면 됩니다.

사랑일까요, 아닐까요?

'연애에는 사랑과 존중이 필요하다.' '연애할 때의 의견 다툼은 지혜롭게 풀어야 한다.' '몹쓸 고정 관념은 무시하자.' 자, 이만하면 좋은 연인 관계에 필요한 기초는 다 점검한 셈이겠지요? 그럼 이제 반대로 건강하지 못한 관계에 대해 살펴볼까요? 다음에 소개하는 '집착 점검 리스트'를 살펴보세요.

- 질투와 불신이 가득함.
- 한쪽이 다른 쪽을 숭배하다시피 하는 상황임.
- 상대를 잃게 될까 봐 항상 노심초사함.
- 혼자가 되면 자신이 초라해질 것 같아 두려움.
- 한쪽은 사랑을 주고 다른 쪽은 받기만 함.

이런 상태를 과연 사랑이라고 말할 수 있을까요? 글쎄요. 아마 아닐 거예요. 진정한 사랑을 바탕으로 하는 관계에서는 어느 한쪽이 다른 한쪽을 지배하거나 무시하는 행동을 하지 않아요. 상처를 주거나 학대하지도 않지요. 자기를 위해 다른 모

남자 친구와 주도권 싸움을 해야 할까요?

여러분은 15세, 남자 친구는 18세라 가정해 볼까요? 물론 처음엔 나보다 나이 많은 오빠가 데이트 신청을 했다는 사실에 우쭐한 기분이 들겠죠. 하지만 이렇게 되면 누가 주도권을 잡게 될까요? 아무래도 나이가 많은 쪽이 주도권을 잡게 될 확률이 높아요. 꼭 나이가 아니더라도 연애 경험이나 여러 가지 면에서 서로 균형이 맞지 않는 커플은 결국 문제를 겪기 쉽습니다. 한 사람이 모든 결정을 내리는 일은 공평하지도 바람직하지도 않아요. 만약 공평하지 않다고 느낄 때는 용기 있게 자신의 권리를 주장하세요.

든 것을 포기하라고 강요하거나 옷차림, 몸매, 인격에 대한 비난을 하지 않습니다. 다른 이성과는 말도 섞지 못하게 하고, 심지어 동성 친구까지 만나지 못하게 한다고요? 스킨십을 거절했다가 이별하게 될까 봐 상대가 시키는 대로만 한다고요? 그런 것은 절대 사랑이 아니에요.

여기서 꼭 알아 둬야 할 사실이 있어요. 건강하지 못한 관계 역시 처음부터 문제가 있었을 가능성은 낮습니다. 시작은 아주 멋졌을 거예요. "넌 정말 대단해!"라든가 "넌 내 인생 최고의 선물이야."라는 찬사를 들으며 가슴 설레는 출발을 했겠지요. 그러다 어느 순간부터 천천히 가슴이 무너져 내리는 경험을 하게 됩니다. 예를 들어 볼게요. 어느 날 남자 친구가 "난 머리가 긴 여자가 좋더라. 넌 왜 머리를 짧게 자르고 그래?"라고 말합니다. 그러면 마음속에 사소한 근심거리 하나가 둥지를 틉니다. 처음에는 이렇게 별것 아닌 일로 시작되지요. 하지만 몇 주, 몇 달이 흐르면 상대는 내 외모가 마음에 안 든다는 내색을 더 심하게 드러냅니다. 사소한 비난이 계속 쏟아지지만 나는 어느덧 고통에 둔감해지죠. 데이트 초기에 그런 일이 일어났다면 절대 용납했을 리 없는데 말이에요. 결국 점점 자신감을 잃어버리고 심지어 상대의 말이 전부 맞을지도 모른다는 착각에 빠집니다.

이런 관계는 의외로 우리 주변에 흔합니다. 한 연구에 의하면, 데이트 경험이 있는 10대 중 무려 61퍼센트가 이런 불쾌하고 황당한 상황에 놓인 적이 있다고 합니다.

데이트 폭력에 관하여

데이트 폭력과 관련한 암울한 통계가 하나 있습니다. 미국의 10대 세 명 중 한 명이 남자 친구(혹은 여자친구)로부터 정신적, 육체적, 성적으로 폭력을 당한 경험이 있다고 합니다. 캐나다 질병 예방 센터(Centers for Disease and Prevention)가 실시한 설문 조사에 따르면, 10대 청소년 중 약 9.8퍼센트가 데이트 상대로부터 고의적인 신체 폭력을 당한 경험이 있다고 답했지요. 또 영국에서 2010년에 발표된 보고서에 따르면 13세에서 17세 사이의 영국 여자 청소년 중 4분의 1가량이 데이트 상대에게 폭력을 당한 경험이 있다고 고백했다고 합니다.

폭력은 관계의 주도권을 누가 갖느냐의 문제에서 출발합니다. 폭력은 힘을 가진 쪽이 누구인지 보여 주려는 행동이지요. 남자 청소년들은 연애 관계에서 주도권을 잡아야 한다고 교육받으며 자랍니다. 진정한 사내라면 여자애한테 휘둘리면 안 된다는 말을 끊임없이 들으며 자라지요. 여자 친구와 다정한 시간을 보내고 싶다는 마음을 들키기라도 하면 십중팔구 친구들로부터 "한심하게 꽉 잡혀서는…."이라는 말을 듣게 됩니다. 상황이 이쯤 되면 자신도 모르는 사이 이런저런 나쁜 편견이 마음속에 자리를 잡게 되지요. 결국 이렇게 나쁜 남자 대열에 합류하게 되고 맙니다.

여자 청소년이라고 해서 항상 피해자 입장에 서 있는 것은 아닙니다. 뜻대로 안 되면 바로 주먹이 올라가는 여자가 있는가 하면, 상대방을 정신적으로 억압하는 경우도 있습니다. 남자 친구(혹은 여자 친구)가 다른 아이와 잠시 대화만 나누어도 불같이 화를 내거나 문자 메시지나 통화 목록을 감시하기도 합니다. 친구 모임에는 절대 혼자 가도록 허락하지 않는 경우도 있지요.

어떤 형태의 폭력이든 처음부터 본색이 드러나지는 않습니다. 폭력의 강도는 시간이 흐를수록 조금씩 강해지는 경향이 있지요. 예를 들어 볼까요? 어느 날 친구가 자기 여자 친구에게 "네가 입은 티셔츠 정말 맘에 안 든다."라고 말했습니다. 얼마 뒤 친구는 여자 친구에게 "넌 너무 뚱뚱하고 못생겼어."라는 말을 입에 올리기 시작하지요. 여자 친구는 기분이 많이 상했습니다. 그런데 한편으로는 점점 남자 친구의 독한 말이 진실처럼 느껴지기 시작해요. 이러한 과정이 반복되다 보면 어느 날부터 언어적 폭력이 신체적 폭력으로 변하기도 하지요.

이제 막 데이트를 시작한 연인 사이에서는 서로의 문제점을 간파하기 쉽지 않습니다. 나에 대한 상대의 집착이 귀엽게 느껴진다고요? 집착이 어느 순간 지나치다고 생각한 적은 없나요? 혹시 질투심이 통제 불능으로 치닫는 느낌인가요?

어떤 상황에서도 잊지 말아야 할 진실은 단 하나입니다. 사랑하는 사람에게 상처를 주는 행위는 절대 멋지지 않습니다. 상처를 주는 것이 강하고 터프한 행동일까요? 또한 폭력을 행사한다고 진정한 주도권을 가질 수 있을까요? 폭력과 억압의 방식으로 남을 통제하려 들면 결국 관계는 끝이 나고 맙니다. 폭력적인 행동은 다

질투도 사랑의 표현 아닌가요?

"그 애가 질투하는 걸 보면 아마 저를 엄청 좋아하나 봐요." 정말 그럴까요? 천만에요! 지나친 질투는 단지 상대를 통제하려는 것이지 진정한 사랑이 아닙니다.

잠깐!

폭력은 어떤 경우에도 절대 안 돼요!

남자 친구(여자 친구)가 몸을 치거나 뺨을 때리고 할퀴거나 상처를 낸다면 그 즉시 이별을 통보하세요. 그런 다음 주위에 도움을 요청하세요. 도움을 줄 만한 어른에게 털어놓거나, 관련 기관에 신고해야 합니다. 청소년기에 데이트 상대에게 학대를 당한 경험이 있으면 성인이 되어서도 애인이나 배우자에게 학대를 당할 가능성이 높다고 합니다. 자신을 위해서 주변의 도움을 받아 폭력적인 관계에서 서둘러 벗어나세요. 지금 이 순간, 행동으로 옮기는 것이 악순환의 고리를 끊는 일입니다.

른 사람을 불쾌하게 만들지요. 무엇보다 폭력은 법에 저촉되는 범죄라는 점을 잊지 말아야 합니다.

헤어지기 정말 힘들어요

다 끝났어요. 남자 친구였던 준영이가 내 단짝 친구인 소영이를 좋아하게 되었다면서 이별을 통보했습니다. 어쩔 수 없는 일이지요. 아니면 이런 경우도 있어요. 지난주부터 같은 반 서연이와 데이트를 하기로 했어요. 그런데 막상 데이트를 해 보니 아직 여자 친구를 사귈 때가 아니라는 생각이 들어 서연이에게 먼저 이별을 통보했어요. 아직은 친구들과 어울리는 게 더 편하고 수영 팀에서 연습하는 일이 더 즐겁다고 생각했으니까요. 그런데 어느 날, 학교 화장실에서 그만 왈칵 눈물이 쏟아지는 거예요. 집에 돌아와서는 방에서 나오기도 싫고요. 서연이와 함께 들었던 노래가 나오면 얼른 라디오를 꺼 버리지요.

사실 이런 반응은 지극히 정상이에요. 더군다나 헤어지리라는 예상을 전혀 못 했다면 기분이 어떻겠어요? 우리는 대개 상대방의 행동을 예측할 수 있다고 믿는 경향이 있어요. 그래서 전혀 예상하지 못한 일을 당하면 심한 충격과 분노를 느낍니다.

» 몸도 아파요

이별이 마치 팔이 떨어져 나가는 것처럼 아프다고요? 그럴 수도 있어요. 이별로 인한 고통이 단순히 정신적인 차원에만 머무르지 않을 수도 있지요.

물론 일부 사람에게만 해당되는 일이에요. 콜롬비아 대학의 심리학자들은 연구를 통해 감정적 고통과 신체적 고통 사이에 일정 부분 관련이 있다는 사실을 발견해 냈습니다. 사랑하는 사람이 죽거나, 누군가로부터 이별 통보를 받는 등의 경험을 하면 극도로 심한 감정적 고통에 휩싸입니다. 우리의 뇌는 감정적 고통을 신체적 고통의 하나로 인식한다고 합니다. 다시 말해 뇌가 이별로 인한 슬픔이 건네주는 메시지를 "아야, 너무 아파."로 받아들이기도 한다는 말이에요. 또한 사랑하는 사람과 이별을 하면 신체적인 상처를 입었을 때와 마찬가지로 스트레스 호르몬이 증가한다고 해요. 스트레스 호르몬이 증가하면 감정 기복이 심해지고 불안한 상태가 되지요.

>> 이별의 고통은 언제쯤 사라지나요?

실연의 상처는 한동안 지속됩니다. 얼마나 오랫동안 아파해야 할까요? 글쎄요. 애석하게도 딱히 정해진 기간이 없네요. 고작 3일 동안 사귄 게 전부인데 이별의 아픔은 3개월 넘게 지속될 수도 있어요. 6개월이나 사귄 사이지만 막상 헤어지고 나니 몇 주 만에 아무렇지 않기도 해요. 실연의 상처가 얼마나 오래갈지는 아무도 알 수 없지요. 사람마다, 또한 관계마다 지속되는 기간이 다르거든요. 지금 '이별의 고통'이라는 터널을 지나는 중이라면 다음에 제시한 팁을 한 번 활용해 보세요. 더 빨리 이별의 고통에서 벗어날 수 있을지 모릅니다.

팁 1 헤어진 사람을 애써 잊으려 하지 마세요. 우리의 뇌는 관계가 끝났다는 사실에 익숙해질 시간이 필요하니까요.

팁 2 침울하게 방 안에만 틀어 박혀 지내는 것도 곤란해요. 평상시에 하던 대로 생활해 나가세요. 평소 좋아하던 일을 찾아 시작한다면 더욱 좋아요. 친구와 영화를 보러 간다든가 운동을 시작해 보세요. 깔깔 웃고 몸을 움직이다 보면 다시 기분이 좋아질 거예요.

팁 3 일기를 써 보세요. 일기장에 모든 감정을 쏟아 내세요. 시간이 흐른 뒤 다시 일기장을 열어 보면 의외로 인생에 큰 도움이 될 수 있답니다. 만남과 이별을 통해 배운 사실을 정리해 볼 수 있으니까요.

팁 4 고민을 다른 사람들과 나누세요. 친한 친구나 부모님 혹은 형제자매, 누구든 상관없어요. 믿고 기댈 수 있는 사람 앞에서는 마음껏 울어도 좋아요.

실연의 아픔을 극복하는 데 효과적인 방법을 한 가지 가르쳐 드릴게요. 바로 내가 얼마나 멋진 사람인가를 깨닫는 것이에요. 정말이에요. 좋아하던 사람에게 거절을 당하고 나면 자존감에 큰 상처를 입을 수 있어요. 하지만 우울해 하거나 실망하지 마세요. 그 대신 내가 가진 수많은 장점을 떠올리세요. 여러분의 기타 연주 실력이 얼마나 대단해요! 농구라면 누구보다도 잘할 수 있잖아요. 그뿐인가요? 내가 다른 친구들에게 얼마나 힘이 되는 존재인데요. 혹시 자신의 장점이 잘 떠오르지 않아 고민인가요? 그러면 친구에게 물어보세요. 친구들은 내 장점에 대해 할 말이 무척 많을 테니까요.

잠깐!

바다는 넓고 물고기는 많아요

'바다는 넓고 물고기는 많다.' 서양에서 연인과 이별한 사람에게 위로할 때 쓰는 말이에요. 한국에도 이와 같은 의미로 '세상은 넓고 남자는 많다.' '세상은 넓고 여자는 많다.'라는 말이 있지요. 세상에는 좋은 사람이 얼마든지 있으니 얼른 실연의 상처를 딛고 일어나 새로운 사람을 만나라는 뜻이에요. 내 운명의 상대는 지금 이 세상 어딘가에서 잘 살고 있어요! 너무 실망하지 말고 조금만 기다리세요.

'바다는 넓고 물고기는 많다?' 아주 틀린 말도 아니지요. 오늘날 지구상에는 약 70억 명의 사람이 살고 있다고 해요. 물고기는 얼마나 살고 있냐고요? 지난 10년간 360명 이상의 해양학자가 전 세계의 바다를 탐사했어요. 그 결과 약 2만 3,000종이 넘는 물고기가 살고 있다고 밝혀졌지요. 현미경으로만 볼 수 있는 미생물에서 덩치 큰 상어에 이르기까지 물고기를 전부 세는 일은 사실상 불가능하겠지요? 바다에는 상상할 수 없을 만큼 많은 수의 물고기가 살고 있습니다.

핵심은 바로 이겁니다. 다음 남자 친구(여자 친구)가 될 후보는 이 세상에 존재하는 물고기만큼 차고 넘친다는 것이에요. 이별한 지 얼마 되지 않은 사람에게는 지금 당장 이 말이 별로 와 닿지 않을지 모르겠지만요.

생각해 봅시다!

이별의 상처를 극복했는지를 어떻게 알 수 있을까요?

A 이제 헤어진 상대와 재결합할 방법을 궁리하지 않아요. 아침에 듣는 새 소리와 밝은 햇살이 다시 좋아졌어요. 정말 오랜만에 친구의 농담에 깔깔 웃었어요

성관계는 결코 가볍게 다룰 수 있는 주제가 아닙니다. 그렇다면 누가 이 복잡한 문제에 대한 적절한 해답을 줄 수 있을까요? 어떤 사람은 부모가 해야 할 역할이라고 말해요. 학교가 개입해야 한다고 생각하는 사람도 있지요. 어떻게 생각하세요?

PART 10

성관계에 대해 알고 싶어요

성관계는 사랑의 결실이에요
동물의 교미와 인간의 성관계는 엄연히 다르지요

어디 한번 직설적으로 표현해 볼까요? '성관계'라는 단어를 들으면 어떤 장면이 떠오르나요? 음경이 질 안쪽에 삽입되어 반복 운동을 하는 장면인가요? 아마 모두 같은 장면을 떠올렸을 거예요. 우리가 아는 성관계라고 해 봐야 이게 전부에요. 그렇지요?

그런데 과연 이것이 성관계의 전부일까요? 우리는 남녀의 성관계에 대해 말할 때 기본적으로 위와 같은 장면을 떠올려요. 하지만 성관계는 간단한 문제가 아니지요. 인간의 성관계는 무궁무진하고 복잡한 세계예요. 또한 인간의 삶 전반에 걸쳐 큰 영향을 줍니다. 한 사람의 옷차림에서부터 애정관에 이르기까지 인생의 전 영역에 말이에요. 심지어 성관계 때문에 부모님과 갈등하게 될 수도 있어요. 어느 날 부모님이 남자 친구와 데이트를 하고 있다는 사실을 알고는 데이트를 하지 못하게 하세요. 데이트를 하기엔 내 나이가 아직 어리다고요. 오빠에게는 콘돔까지 사다 주며 피임법을 알려 주시면서요. 치사하죠!

열 받는 마음은 잠시 접어 두고, 시야를 좀 넓혀서 성관계에 대해 알아봅시다. 전 세계 인구가 얼마나 되는지 혹시 알고 있나요? 앞에서도 언급했다시피 무려 70억 명이 넘는 사람이 이 지구라는 행성에서 함께 살아가고 있어요. 우리가 이 세상에 존재할 수 있는 이유는 무수히 많은 남녀가 만나 사랑을 나누었기 때문입니다. 70

억이라는 수를 생각해 보세요. 정말 엄청나지요? 다시 말해 성관계란 지구에 사는 대다수 사람들의 삶의 일부분이라고 할 수 있겠지요.

성관계와 관련된 다양한 문제들

사람들은 성관계를 좋아합니다. 지극히 자연스러운 일이에요. 성관계를 하면 정말 기분이 좋으니까요. 굳이 아이를 낳을 목적이 아니더라도 성관계 자체가 주는 즐거움 때문에 사람들은 성관계를 해요. 성적으로 건강한 관계라면 성관계를 통해 서로가 얻을 수 있는 이점이 많거든요. 친밀감, 행복감, 존중과 감사의 마음을 나눌 수 있지요. 성관계는 다른 사람을 존중하는 법을 배울 수 있는 좋은 기회이지요.

또한 성관계에는 강렬한 힘이 깃들어 있습니다. 누구에게나 작용하는 즐거운 힘이지요. 여성이든 남성이든, 그 누구에게나 성관계는 즐거운 힘을 가져다줍니다.

알려주세요!

미국의 성문제 상담가 줄리 제스크에게 물었습니다.

질문 '성관계'란 단어는 왜 그렇게 당혹스럽고 심지어 무섭기까지 하지요?
답 우리가 성관계에 대해 드러내 놓고 말하지 않기 때문이 아닐까요? 어느샌가 성관계란 말하기 부끄럽고 두려운 대상이 되었어요. 마치 침대 밑에 있는 괴물과 비슷하지요. 어둠 속에 있는 한 그 괴물은 항상 두려운 존재로 느껴지지요. 성관계 역시 마찬가지예요. 우리가 성에 관한 문제를 양지로 끌어내어 솔직한 대화를 할 수 있다면 성관계에 대한 두려움을 몰아낼 수 있어요. 그렇게 되면 성관계란 그저 우리 일상의 한 부분, 인간으로 살아가기 위한 당연한 삶의 일부분으로 인식되겠지요.

그런데 도대체 왜 성관계만 생각하면 머릿속이 복잡하고 골치가 아파오는 걸까요? 성관계에 다음과 같은 문제가 개입하기 때문이에요.

- **도덕성** 성관계에는 옳고 그름의 문제, 혹은 좋고 나쁨의 문제가 연관되어 있어요. 어떤 사람들은 성관계를 자주 하고 싶어 하는 사람을 문란한 사람으로 간주하고, 성관계를 자제하는 사람을 괜찮은 사람이라고 생각하지요.
- **법과 사회제도** 각국 정부는 사회, 정치적 상황에 따라 어떤 종류의 성관계는 불법으로 규정하고 처벌합니다. 모든 성관계가 사회적으로 허용되는 것은 아니지요.
- **마구 뒤섞인 정보들** 대중 매체에서 얻을 수 있는 성에 대한 정보들, 부모님의 조언, 종교적 신념, 학교에서 받는 성교육이 마구 뒤섞인 상황에서 사람들은 성관계에 대해 서로 상충되는 가치들을 한꺼번에 받아들이게 됩니다. 혼란스러울 수밖에 없어요.

성관계에는 심리적으로 어두운 감정을 느끼게 하는 측면도 있어요. 이를테면 다음과 같은 것들입니다.

- **당혹감** 잘못된 상대와 성관계를 하거나, 부적절한 시기에 성관계를 경험하면 당혹감을 느낄 수 있어요. 또한 마음이 내키지 않는 상태에서

강요나 압력에 의해 성관계를 하면 무척 당혹스럽고 화가 나지요.

- **걱정과 불안** 자신의 성생활이 주변 사람과 다르다고 느껴질 때 고민이나 걱정이 생길 수 있어요.
- **마음의 상처** 성관계를 통해 타인을 무시하고 우월감을 느끼려는 사람이 있어요. 이런 사람들은 반드시 피해야 해요.
- **성병** 성관계를 매개로 전염되는 질병에 항상 주의해야 합니다. 헤르페스 바이러스나 인두유종 바이러스, 에이즈(HIV)바이러스 등이 성관계를 통해 전파되지요. 걱정된다고요? 콘돔을 사용하면 안전한 성관계를 할 수 있어요.

성관계의 부정적 측면에 집중하다 보면 성관계가 두렵고 감당하기 힘든 행위로 느껴지기 쉽습니다. 하지만 사람들은 여전히 성관계를 원하고 있어요. 이유가 뭘까요? 맞아요. 성관계에 대해 제대로 알고 경험했을 때 성관계가 진정으로 멋진 경험이 되기 때문이에요.

자, 그럼 이제부터 성관계에 대해 구체적으로 탐구해 볼까요? 장차 경험하게 될 성관계를 멋지게 해내기 위해서는 먼저 성관계에 대한 기초 지식부터 갖추어야 합니다. 적절한 정보와 현명한 의사 결정이 성관계를 좀 더 아름다운 것으로 만들어 줄 수 있지요.

성관계의 진행 단계

성관계를 하는 동안 인간은 다음과 같은 감정적, 신체적 변화를 경험합니다.

- **성욕** 상대방에게 매력을 느끼고 성관계를 하고 싶은 욕구를 느낍니다.
- **흥분** 서로 몸을 애무하고 키스하는 동안 뇌와 몸은 흥분 상태가 됩니다.
- **오르가슴** 흥분이 최고조에 이르는 상태입니다. 모든 생각이 멈추고 머릿속이 텅 비는 느낌이 듭니다. "오르가슴이 지속되는 동안 놀라운 쾌감이 찾아옵니다. 남성은 오르가슴에 도달하면 사정을 합니다. 그러나 항상 사정을 하는 것은 아닙니다. 반면 여성은 '클리토리스'(외음부 근처에 있는 작은 돌기로 신경 종말이 분포되어 있어요)가 자극의 정점에 오르면 오르가슴이 찾아옵니다.

이것 하나만 기억하세요. '성욕'을 느꼈다고 해서 항상 '오르가슴' 단계까지 도달해야 하는 것은 아닙니다. 때로는 오르가슴을 느끼지 못할 수도 있어요. 오르가슴에 도달하려 노력하다가 키스나 애무에서 더 큰 만족을 얻기도 하지요.

어떤 상황에서든 내면의 목소리에 귀를 기울이세요. 내키지 않는다면 자신의 의사를 분명히 밝히고 상대방의 요구를 거절하세요. 과거에 다른 사람과 성관계 경험이 있다고 해서 지금 만나는 상대와 원치 않는 성관계를 할 필요는 없습니다. 어딘가 불편하다고 느껴진다면 언제든지 주저하지 말고 거부 의사를 밝히세요.

» 오르가슴이 뭔가요?

글쎄요. 우선 오르가슴이 아닌 것부터 알아볼까요? 남자들은 사정과 오르가슴을 동일한 것으로 착각하기 쉬운데요. 이 둘은 엄연히 다릅니다. 여자도 오르가슴을 느끼거든요. 보통 남자는 오르가슴을 느끼면 사정을 합니다. 그러나 오르가슴을 느꼈다고 해서 항상 사정을 하지는 않아요. 그날의 컨디션이나 기분에 따라 달라질 수 있지요. 기본적으로 오르가슴이란 성적 흥분이 최고조에 달한 상태를 말해요.

» 오르가슴은 어떤 느낌인데요?

수십 년 전 어떤 과학자가 오르가슴에 대한 연구를 진행했어요. 이 연구에 참가한 여성들은 오르가슴을 어떻게 묘사했을까요? 참가자들에 의하면 일단 아주 큰 쾌감이 찾아올 것 같은 긴장감이 계속된대요. 그러다 어느 순간에 아주 빠른 속도로 강렬한 쾌감이 찾아온다고 합니다. 이 쾌감은 클리토리스에서 시작해 골반으로 퍼진다고 해요. 몸이 후끈 달아오르고 전기 자극 같은 짜릿함이 전신으로 퍼지는 거죠. 어떤 여성은 외음부와 질 그리고 골반 아래쪽 근육이 수축하는 느낌을 받는다고도 하고요.

남성 역시 비슷한 경험을 합니다. 처음에는 몸이 달아오르면서 심한 압박감을 경험하다가 강렬한 쾌감을 느끼는 순간에 도달하죠. 그 뒤 사정으로 이어지고요. 여성과 마찬가지로 아주 강렬한 쾌감이 온몸으로 퍼져 나갑니다. 또한 사정하는 순간 음경 안에 있는 요로를 통해 정자가 내뿜어지는 후끈한 느낌을 받습니다.

>> 오르가슴에도 남녀 차이가 있나요?

글쎄요. 차이가 있다고 할 수도 있고, 없다고 할 수도 있어요. 앞서 언급한 연구에서 밝혀진 사실이 한 가지 더 있어요. 남자와 여자 사이에 신체적인 차이는 있지만 그들이 느끼는 오르가슴에는 큰 차이가 없다는 사실이지요. 연구진은 남녀 참가자가 오르가슴에 대해 묘사한 내용을 의사를 비롯한 성 의학 전문가들에게 보여주었어요. 특정 신체 부위에 대한 표현을 삭제하고 "여성의 답과 남성의 답을 구별할 수 있습니까?" 하고 물어보았지요. 전문가들은 정확히 구별하지 못했어요. 이러한 결과만 놓고 보더라도 남녀의 오르가슴에는 큰 차이가 없다고 말할 수 있겠지요.

굳이 찾으면 몇 가지 차이점이 있기는 합니다. 평균적으로 여성은 남성에 비해 오르가슴에 이르는 데 더 많은 시간이 걸린다고 합니다. 남성은 오르가슴을 한 차례 경험한 뒤 원래 상태로 회복하는 데 약간의 시간이 필요하지요. 반면 여성은 첫 오르가슴 이후 곧이어 반복해서 오르가슴을 경험한다고 해요. 또한 성인 영화에서 흔히 볼 수 있는 것과는 달리 대부분의 여성은 음경의 삽입을 통한 성관계만으로는 오르가슴에 도달하지 못합니다. 클리토리스 기억하세요? 신경 종말이 가득 차 있는 그곳 말이에요. 대부분의 여성은 이 클리토리스를 통해 오르가슴을 경험할 수 있어요.

자위행위에 대하여

자위행위(자신의 성기를 만지는 행위)는 꽤 즐거운 경험이에요. 자신의 음경이나 클리토리스를 통해 내 몸에 대해 배울 수 있는 아주 건강한 경험이지요. 하지만 자위행위라는 단어를 입에 올리는 것조차 불편해하는 사람도 있지요.

사람마다 몸이 다르고 성적 욕망이 다르기 때문에 자위행위를 통해 자신의 몸을 알아 가는 일은 굉장히 중요합니다. 실제 누군가와 성관계를 하기 전에 자신의 성적 특성을 파악해 두는 일은 건강한 성생활에 도움이 됩니다.

- 여자 청소년 중에는 야한 책을 읽다가 다리 사이가 화끈 달아오르는 느낌을 받은 경험을 해 본 사람도 있을 거예요. 물론 좋은 느낌이죠. 실제로 성관계를 하게 되었을 때 이 순간 머릿속에 떠돌던 생각을 떠올리면 성관계에 몰입하는 데 도움이 될 수 있어요.
- 남자 청소년들은 대개 자위행위를 할 때 손의 터치만으로는 목표하는 극치감에 도달하기 힘들어요. 상상 속의 상대를 머릿속에 영상화하여 자극을 받게 되죠. 몸의 흥분과 상상 속의 열정이 결합될 때 만족한 상태에 이를 수 있어요.

자위행위를 꼭 해야 하는 것은 아니에요. 오로지 개인의 선택에 달린 문제니까요. 단, 자위행위를 하는 사람의 수가 엄청나게 많다는 것은 분명합니다. 2011년 인디애나 대학에서 실시한 연구를 보면 확실히 알 수 있어요. 자위행위를 한다고 고백한 남녀 청소년의 비율을 볼까요?

- 남자 중학생 중 63퍼센트
- 여자 중학생 중 43퍼센트
- 19세 남자 청소년 중 80퍼센트
- 19세 여자 청소년 중 58퍼센트

이 수치만 보더라도 10대 청소년의 상당수가 자위행위를 통해 성적 욕구를 해소하고 있다는 사실을 알 수 있어요. 더욱이 솔직하게 대답하지 않은 청소년의 수까지 염두에 둔다면 자위행위를 하는 학생의 비율은 더 올라갈 가능성이 있지요.

성관계란 참 어려운 문제네요

맞아요. 성관계는 사실 여러 가지 문제와 복잡하게 얽혀 있어요. 그래서 혼란스러운 거고요. 예를 들면 아래와 같은 것들이 있지요.

- 구강 성교(입으로 상대의 성기를 애무하는 행위)도 성관계에 포함해야 되나요?
- 성기와 성기끼리 접촉하는 것만을 성관계라고 해야 하나요?
- 그럼 자위행위는요? 내 몸과 성기를 터치해서 오르가슴까지 도달했다면 자위행위도 성관계에 포함되는 것 아닌가요? 어떻게 생각하세요?

글쎄요. 성관계에 대한 사람들의 생각은 저마다 다르기 때문에 하나로 정의하기 쉽지 않아요.

>> 사랑과 성관계는 서로 얼마나 관련이 있나요?

굳이 답을 하자면 정답은 없습니다. 사람마다, 관계마다 다르니까요. 한번 솔직하게 말해 볼까요? 성적으로 친밀한 관계라고 해서 반드시 깊은 사랑으로 엮여 있는 것은 아닙니다. 물론 모든 커플이 성적으로 친밀한 동시에 사랑으로 굳게 이어져 있다면 더 바랄 게 없을 거예요. 누구나 그런 상대를 만나 여생을 함께할 수 있기를 꿈꾸지요. 하지만 쉬운 일은 아닙니다.

가장 중요한 것은 누구와 함께하든지 먼저 나 자신을 사랑할 수 있어야 한다는 점입니다. 자신에게 솔직한 태도를 취하고 내가 가진 가치관을 스스로 존중하는 일이 가장 중요하지요. 나를 존중하는 태도와 함께 마음의 여유까지 갖춘다면 혹시 성경험이 기대에 못 미치더라도 편안한 마음으로 받아들일 수 있을 것입니다.

캐나다의 성교육 전문가 발 바의 생각도 이와 같아요. 그녀는 성관계에 관련한 상담을 할 때 다음의 세 가지를 점검하라고 당부합니다.

>> 머리에게 질문해 보세요

내가 왜 성관계를 하려고 할까? 지금 이 상황에 대해 나 역시 진심으로 동의하고 있나? 나의 가치관, 내가 정한 기준에 부합하는 일일까? 내일이 되면 오늘 내린 이 결정에 대해 어떤 느낌이 들까?

>> 마음에게 질문해 보세요

성관계에 대해 내 마음이 편안한가? 나는 정말 이 사람을 좋아하고 또 이 사람과 함께 있는 순간을 편안하다고 느끼는가? 이 사람을 믿을 수 있을까?

>> 몸에게 질문해 보세요

내 몸이 원하는 게 무엇인가? 현재 이 상황이 만족스럽나? 임신이나 성병으로부터 안전할까?

위에 제시된 질문에 제대로 답할 수 있었다면 건강한 결정으로 볼 수 있습니다. 그러나 어딘가 석연치 않다면 일단 하려던 행동을 나중으로 미루고 충분히 생각할 시간을 가지세요.

구강 성교에 대해 어떤 생각을 가지고 있나요? 몇몇 친구들은 구강 성교에 대해 긍정적으로 생각할 수도 있을 거예요. 반대로 "절대 못 해. 어떻게 그럴 수가 있니?"라며 단호히 거부 의사를 밝히는 친구도 있을 테지요. 다른 사람의 생각은 사실 별로 중요하지 않아요. 나 자신이 어떻게 생각하느냐가 중요하지요. 평상시에 자신의 생각과 느낌, 신념을 정리해 두면 실제 상황에 부딪혔을 때 올바른 결정을 내리기가 훨씬 쉬워집니다. 또한 나름의 기준을 정해 두고 상황에 따라 기준을 조정하는 일은 나 자신만이 할 수 있는 일이기도 합니다.

기억해야 할 사실이 한 가지 더 있어요. 여자 친구(남자 친구)가 성관계를 원하지 않는데 계속해서 강요하거나 설득해도 될까요? 상대를 어떤 태도로 바라봐야 하는 걸까요? 이미 앞에서 말했다시피 존중, 사랑 그리고 성관계는 서로 연결되어 있어요. 성관계와 존중 사이의 관련성을 좀 더 살펴봅시다.

관계를 파괴하는 괴물을 조심하세요!

로맨틱하고 예쁜 사랑을 하던 두 사람의 관계를 갈기갈기 찢어 놓는 괴물이 있어요. 성별과 관련한 나쁜 고정 관념들이 바로 그 괴물이지요. 나쁜 고정 관념은 우리 주변 어디에나 널려 있어요. 특히 처음 사랑에 빠진 사람이라면 쉽게 고정 관념이라는 괴물의 먹이가 될 수 있지요.

그중에서도 단연코 최악은 "그 여자애 걸레 같아." 혹은 "저 남자 변강쇠 같다."라는 말이에요. 참 오랜 세월 많은 사람이 이러한 표현을 즐겨 사용해 왔죠. 이 말들은 '여자는 본래 성관계에 관심이 없기 마련이다. 하지만 남자는 여자를 볼 때 오로지 성관계 생각만 한다.'라는 식의 논리를 담고 있어요. 이러한 고정 관념이 과연 진실일까요?

결론부터 말하자면 말도 안 되는 소리들이지요. 현실에는 성관계를 좋아하는 여성이 얼마든지 있어요. 성관계에 대해 신중한 태도를 보이는 남성도 셀 수 없이 많아요. 그러면 왜 이러한 고정 관념이 사람들의 뇌리에, 특히 청소년들에게 깊이 뿌리내리게 되었을까요?

청소년들은 데이트 경험이 부족해서 이러한 고정 관념들을 무비판적으로 받아들이기 쉬워요. 비교 분석할 대상 자체가 없었기 때문에 성인에 비해 고정 관념의 희생양이 되는 경우가 더 많지요. TV나 인터넷, 비슷한 처지에 있는 친구, 포르노 영화 등에서 얻은 정보가 고작이다 보니 이런 고정 관념을 비판적으로 바라보는 일이 쉽지 않지요.

포르노 얘기가 나와서 말인데 친구 중에 포르노를 봤다고 자랑하거나, 친구들과 돌려 보는 사람이 있나요? 아니면 이미 여러분도 포르노를 본 적이 있나요?

포르노란 성관계, 혹은 성적인 행위를 하는 사람들의 모습을 담은 영상을 말합니다. 포르노 속에는 성별과 관련된 고정 관념이 그대로 녹아 있어요. 포르노에 나오는 남녀가 성관계를 하는 방식이나 서로를 대하는 태도를 보고 그것을 일반적인 성관계라 착각할 수 있지요. 하지만 포르노는 실제 성관계와는 큰 차이가 있는 일종의 환상입니다.

그렇다면 현실에서 실제로 경험하는 성관계란 어떤 것일까요? 미래의 그(그녀)와 나누게 될 성관계를 상상해 보세요. 그 사람이 가진 열정과 감정을 천천히 알아가는 일은 분명히 삶을 신 나고 즐거운 것으로 만들어 줄 거예요. 실제 성관계에는 연출된 포르노에서는 느낄 수 없는 감정들이 녹아 있습니다.

남자 청소년 여러분 기억하세요!

서로 동의하에 이루어지는 성관계가 되려면 상대방의 표정이나 몸짓을 세심히 읽고 상대가 진심으로 나와 성관계를 원하는지 확인하는 과정이 필요합니다. 마지못해 하는 동의는 동의라고 말하기 힘들어요. 상대방을 설득해서 내키지 않는 행위를 하도록 하는 것은 잘못된 일입니다. 성관계는 상대방을 정복하기 위한 도전 과제가 절대 아니에요.

성관계에 대한 올바른 정보가 필요해요

성관계는 결코 가볍게 다룰 수 있는 주제가 아닙니다. 그렇다면 누가 이 복잡한 문제에 대한 적절한 해답을 줄 수 있을까요? 어떤 사람은 부모가 해야 할 역할이라고 말해요. 학교가 개입해야 한다고 생각하는 사람도 있지요. 어떻게 생각하세요?

궁금한 것은 많은데 누구에게 물어야 할지 난감하지요? 요즘은 많은 학교에서 적극적으로 학생들에게 성교육 수업을 제공하고 있어요. 일단 좋은 시도입니다. 이와 동시에 적지 않은 학교에서 학생들에게 순결 교육을 시키고 있어요. 결혼 전까지 성관계를 해서는 안 된다는 것이지요.

성관계를 가질 것인가 말 것인가는 순전히 본인이 판단하고 결정할 문제입니다. 내 몸에 대한 결정권은 나에게 있어요. 다른 사람들이 왈가왈부할 부분이 아니지요. 하지만 최소한 자신이 성관계에 대해 100퍼센트 준비가 되었다고 느낄 때까지는 잠시 기다리는 편이 좋습니다. 무엇보다 원하지 않는 임신이나 성병으로부터 내 몸을 지킬 수 있으니까요. 또한 신체적, 심리적 측면을 고려해 볼 때, 혼자서 모

〈남성의 건강한 성생활 프로그램〉의 책임자인 블레이크 스펜스에게 물었습니다

포르노를 본다고 당장 큰일이 나는 건 아닙니다. 어떤 사람에겐 그저 일상의 한 부분일 거예요. 하지만 포르노를 성교육 지침서로 오해하면 곤란해요. 실제의 성생활과 포르노에서 연출된 모습은 전혀 다를 수 있으니까요. 사실 포르노의 내용은 현실적이지 않고 상당히 부적절해요. 여성을 포르노에서처럼 취급하면 곤란합니다. 현실에서의 성관계는 포르노와 달라요."

든 일을 감당할 능력이 될 때까지 기다려서 나쁠 일은 없습니다. 남자 친구(여자 친구)에게 아직 성관계는 안 된다고 선을 그은 상태인가요? 서로 어디까지 허용할지에 대해서 대화를 나누었겠지요? 키스 혹은 애무까지만 하자고 결정했나요? 아니면 그 이상? 데이트 상대가 있다면 평소에 이러한 주제를 놓고 건강한 대화를 계속 시도하세요. 서로를 더 편안하게 느낄 때까지 말이에요.

성관계를 갖지 않고 미루는 일이 생각처럼 쉽지 않을 수도 있어요. 일단 몸이 성관계를 위한 준비가 되어 있다면 더욱 그렇습니다. 10대에는 성관계를 가지지 않기로 다짐했다가 갑자기 결심이 무너지는 상황에 맞닥뜨리면 오히려 무방비 상태가 될 수도 있지요. 콘돔을 준비하지 못한다든가 하는 일은 흔히 겪는 일들이에요.

성관계를 갖든 갖지 않든, 어떤 결정을 내리든 그것은 오롯이 내 몫이에요. 성과 관련된 여러 가지 문제에 대해 더 자세한 정보가 필요하다면 도움을 줄 만한 사람을 찾아 적극적으로 물어보세요. 지금처럼 성교육 책을 읽어 보는 일도 좋은 방법이에요. 사춘기 동안 일어나는 여러 가지 변화를 이해하는 데 도움이 될 테니까요.

성폭력에 관하여

누군가가 나의 동의 없이 몸을 만지거나 성적인 관심을 표현했던 적이 있나요? 원하지 않는 포르노 영화를 보여 준다거나, 옷을 벗어 보라고 한다든가, 내 몸에 대해 불쾌한 방식으로 언급한다면 즉시 다른 사람에게 알려야 합니다. 알아요. 말을 꺼내기가 쉽지 않겠지요. 혼란스럽고 부끄럽기도 하고 심지어 죄책감이 들 수도 있어요. 하지만 그럴 필요 없어요. 성폭력은 여성이든 남성이든, 나이가 많든 적든, 누구에게나 일어날 수 있는 일입니다. 이 세상 누구도 허락 없이 내 몸을 만져서는 안 됩니다. 그래서 성폭력을 엄격히 금하는 법이 존재하는 것이고요.

우리의 몸은 부모로부터 받은 최고의 선물이며, 미래의 배우자에게는 최고의 선물이 될 거예요. 그러니까 자신의 몸을 최대한 아끼고 탐색하고 잘 돌보세요. 그러면 나머지 복잡한 일은 저절로 다 잘 해결될 거예요.

사진을 찍었다고요?

선정적 포즈를 취한 사진을 남자 친구에게 이메일로 보낸다고요? 과연 그래도 될까요? 그런 사진을 페이스북에 올리고 친구들과 공유하는 일은 어떨까요? 안 됩니다. 절대 꿈도 꾸지 마세요! 그 사진이 내가 모르는 누군가에게 전달되는 순간 상황은 걷잡을 수 없게 됩니다. 전혀 모르는 지구 반대편의 사람에게까지 그 사진이 전달될 수 있어요. 더 끔찍한 시나리오는 뭔지 아나요? 내가 다니는 학교의 다른 학생이나 부모님이 그 사진을 보는 거예요.

생각해 봅시다!

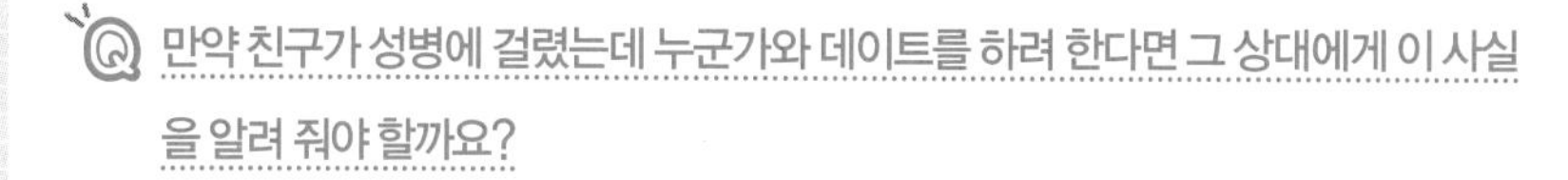

사춘기가 그렇듯 사춘기를 주제로 한 이 책 역시 하루아침에 완성되지는 않더군요. 정말 많은 분의 도움을 받았습니다. 이 책이 완성될 수 있도록 시간과 전문 지식 그리고 참신한 아이디어를 제공해 주신 모든 분께 이 자리를 빌려 깊은 감사를 전하고 싶습니다. 토리, 니콜, 로라, 아날리, 에린, 알타 그리고 에미. 여러분의 삶의 창가에 나를 초대해 주고, 함께 피자를 나누었던 그 순간 참 고마웠어요. 이 책은 글자 그대로 청소년 여러분을 위한 것입니다. 또 캘거리 성 건강 센터(Calgary Sexual Health Centre)의 발과 블레이크에게도 고마움을 전합니다. 여러분의 전문성, 통찰력 그리고 전폭적인 지지가 큰 도움이 되었습니다. 이 밖에도 인터뷰에 응해 준 많은 전문가들께 감사를 전합니다. 패트리샤 아들러, 피요나 던바, 리사 힉스 박사, 롭 프레니트, 줄리 제스키, 마거릿 럼리 박사, 모스 노먼 박사, 린 페릴, 반다나 세스, 스티븐 솔로몬. 바버라 리빗과 후버 애저에게 특히 감사를 표하는 바입니다. 그리고 제가 한동안 정신없이 바쁠 때 곁에서 힘이 되어 준 데이브와 데일에게도 고마움을 전합니다. 앤 더글러스, 테레사 피트먼 특히 에이미 배스킨에게 감사하고 싶습니다. 잊어버리고 싶은 아픈 과거를 제가 떠올리게 한 것 같아 미안한 마음이 들어요. 아픈 사춘기에 대해 솔직한 이야기를 해 준 다른 모든 분에게도 진심을 담아 감사를 전하고 싶습니다.

그리고 존, 이 책이 완성되기까지 이렇게 많은 우여곡절이 있을 줄 우리가 상상이나 했던가요? 당신의 사려 깊은 도움이 없었다면 아마 저는 지금까지도 머리만 싸매고 있었을 겁니다.

마지막으로 현재 사춘기를 겪고 있는 모든 10대들에게 고마움을 전합니다. 특히 사랑하는 우리 아이들, 네이선과 나디아에게 감사를 전합니다. 지금 이 순간에도 책은 나중에 쓰고 디즈니랜드부터 다녀오자며 조르고 있습니다. 참 어려운 주문이네요!

10대 청소년 모두에게 이 책을 바칩니다.

이 책을 마치며

이제부터 시작입니다

“

사춘기만큼 주목받는 주제도 없을 거예요. 참 이상하지요? 인류의 역사만큼
이나 오래된 사춘기가 아직까지도 꾸준히 화젯거리가 된다니 말이에요.
제가 이 책을 집필하는 동안에도 수많은 잡지와 신문, 웹사이트, 비디오, 팟
캐스트, 책, 대학 논문 등에 사춘기에 관한 이야기가 하루가 멀다 하고 실렸어
요. 그중에는 여전히 미스터리로 남아 있는 문제, '사춘기의 시작이 점점 빨라
지는 이유가 무엇인가?'와 같은 의문을 풀기 위한 시도도 있었지요. 그런가
하면 '아이들의 성교육은 누구의 몫인가? 부모인가 아니면 교사인가?' 혹은
'아이들은 자신이 트랜스젠더라는 사실을 언제쯤 인식하게 되는가?'와 같은
민감한 사안을 다루는 곳도 있었어요.
이 책을 거의 다 읽은 시점에도 여전히 풀리지 않는 의문이 남을 수 있어요.
성 이야기는 아무에게나 쉽게 할 수도 없지요. 너무 사적이고 부끄러운 주제
일 테니까요. 그래서 이미 다 알고 있는 척해 버리는 청소년들도 많고요.
필요하다면 이 책 뒤에 소개된 웹사이트를 한 번 찾아보세요. 도움이 되는 정
보가 많을 거예요.

”

고민이 있다고요? 주저하지 말고 방문하세요!
고민을 함께 나눌 수 있는 사람이 세상에는 아주 많습니다.

아하! 청소년 성문화 센터 www.ahacenter.kr
서울시립 아하 청소년 성문화 센터의 홈페이지. 청소년들의 다양한 성 고민에 대한 상담은 물론 성교육과 관련된 자료를 찾아볼 수 있다. 성교육 프로그램을 실시하고 있으므로 일정 문의 뒤 직접 참여하는 것도 가능하다.

서울시 청소년 상담 복지 센터 www.teen1318.or.kr
서울시에서 운영하는 청소년 상담 센터의 홈페이지. 청소년들의 신체적, 성적 고민을 비롯해 학교 폭력이나 교우 관계에 이르는 다양한 고민을 상담할 수 있다.

안녕, 데이트 공작소 www.sogoodbye.org
한국 여성의 전화에서 운영하는 데이트 폭력 예방 정보를 담은 사이트. 도움이 필요할 때 상담을 요청할 수 있다.

한국 성폭력 상담소 www.sisters.or.kr
성폭력 사건에 대한 상담, 예방, 치유 프로그램을 운영하는 한국 성폭력 상담소의 웹사이트. 성폭력 사건이 벌어졌을 때 상담을 요청할 수 있다.

한국 여성민우회 성폭력 상담소 fc.womenlink.or.kr
성폭력의 정의와 성폭력 대응 방법 등의 성폭력 예방 정보를 담은 여성민우회 성폭력 상담소의 웹사이트. 상담 전화도 운영하고 있어 도움이 필요할 때 연락할 수 있다.

동성애자인권연대 www.lgbtpride.or.kr

성정체성으로 인해 고민하는 청소년과 그들의 가족에게 유용한 정보를 제공하고 있다. 청소년 성소수자와 성소수자 자녀를 둔 부모 모임을 운영 중이다.

한국 성적소수자 문화인권센터 www.kscrc.org

성소수자에 대한 각종 다양한 서적과 논문을 소개해 놓은 것이 특징이다. 성소수자 정체성으로 인해 고민하는 사람들을 위해 상담도 진행하고 있다.

스톱 불링 www.stopbullying.or.kr

교육부에서 운영하는 학교 폭력 예방 및 상담 사이트. 학교 폭력이 일어났을 때, 해당 사건을 상담 및 신고할 수 있다. 실질적인 도움을 주기 위한 전화, 문자, 인터넷 상담을 열어 두고 있다.

청소년 사이버 상담 센터 www.cyber1388.kr

청소년 자살 예방, 학교 폭력 근절을 위한 각종 정보를 제공하는 웹 사이트. 전화와 인터넷 게시판을 이용해 언제든지 고민을 상담할 수 있다.

키라 버몬드 **지음** | 정용숙 **옮김**

초판 인쇄일 2014년 9월 29일 | **1판 3쇄** 2019년 4월 5일
펴낸이 조기룡 | **펴낸곳** 내인생의책 | **등록번호** 제10호-2315호
주소 서울시 서초구 나루터로 60 정원빌딩 A동 4층
전화 (02)335-0449, 335-0445(편집) | **팩스** (02)6499-1165
전자우편 bookinmylife@naver.com | **홈카페** http://cafe.naver.com/thebookinmylife
편집 우석영 이다겸 | **디자인** 안나영 김지혜 | **마케팅** 이영섭 | **경영지원** 조하늘

ISBN 979-11-5723-100-3 44300
ISBN 978-89-97980-93-2 44300(세트)
이 도서의 국립중앙도서관 출판예정도서목록(CIP)은 서지정보유통지원시스템 홈페이지(http://seoji.nl.go.kr)와 국가자료공동목록시스템(http://www.nl.go.kr/kolisnet)에서 이용하실 수 있습니다.(CIP제어번호: CIP2014026975)

* 책값은 뒤표지에 있습니다.
* 잘못된 책은 구입처에서 바꿔 드립니다.